人たらしの流儀

佐藤 優

PHP文庫

○本表紙図柄＝ロゼッタ・ストーン（大英博物館蔵）
○本表紙デザイン＋紋章＝上田晃郷

文庫版　まえがき

この本は実用書である。読者が生き残っていくために必要な知恵が満載されている。安倍晋三《あべしんぞう》政権が成立し、世の中はアベノミクスで浮かれている。もっともこの先がバラ色であるという感じではない。安倍首相の指南役で、貨幣数量説を二十一世紀によみがえらせ、量的緩和政策によって、株価上昇と円安誘導を行った浜田宏一《はまだこういち》内閣官房参与（イェール大学名誉教授）が不気味な予言をしている。

〈将棋でもそうだが、囲碁においては、打つ手の手順が重要となる。手順が前後してしまうと、勝てるはずの勝負も勝てなくなってしまう。

経済も同じだ。財務省の好む消費税率の引き上げを金融緩和の前に行ったら、それは完全な手順前後。国民経済は橋本龍太郎内閣の消費税引き上げと同じ経路をたどるだろう。デフレと円高に苦しむ日本経済が、需要増を伴わない消費財の価格高騰で、いっそう苦しむことになる。

その結果、税率を上げても税収は減る可能性がある。消費税収は増えたとしても、所得税や法人税が減少してしまう公算が大きいからだ。

デフレ下で増税して国民経済が回復した前例は世界にない──。

日本経済は閉塞化《へいそくか》し、円高、若年失業、輸出産業の崩壊、産業空洞化、地方の衰退といった、なし崩し的縮小が起きるのは必至だ。〉（浜田宏一『アメリカは日本経済の復活を知っている』講談社、二〇一三年、二二三〜二二四頁）

この記述を読んで、私は背筋が寒くなった。日本で「人たらしの流儀」をもっとも身につけているのが財務官僚だ。財務官僚は、ありとあらゆる手法を用いて、菅直人《かんなおと》、野田佳彦《のだよしひこ》の両首相に「消費増税だけが日本の生きる道」と吹き込んだ。自民党政権になったからといって、現行五％の消費税を二〇一四年四月からの八％、二〇一五年十月から一〇％に引き上げることを、財務官僚があきらめるはずがない。おそらくは、今年二〜六月までの経済指標が改善していることを理由に、政府は消費増税を進めるであろう。そうなると浜田内閣官房参与が危惧する「日本経済は閉塞化し、円高、若年失業、輸出産業の崩壊、産業空洞化、地方の衰退といった、なし崩し的縮小が起きる」であろう。

普通の国民からすれば、賃金が上がらず、リストラの恐怖に怯《おび》えることになる。そして、そのしわ寄せは若年層にくる。デートをしようにも十分なカネがないし、恋人としけこむことができるようなこじゃれたワンルームマンションを借りることもできなくなる。会社から帰る途中のコンビニで、発泡酒を買い、コンピューターで無料のアダルト動画を見て気を紛らすしかないというような状態になる。

実に嫌な時代がやってくる。新自由主義政策に対する忌避反応が強まるとともに、ケインズ型のインフレ政策が万能薬のような扱いを受けているが、もともとマルクス経済学を学んできた私には、強い違和感がある。仮に名目賃金が上がっても、それ以上に物価が上がれば、労働者の実質賃金は低下する。ケインズ政策の本質は、実質賃金を低下させることにより、資本の力を一層強くすることだ。国際社会では、帝国主義的傾向が強まっている。もっとも十九世紀末から二十世紀初頭の旧来型帝国主義と異なり、二十一世紀の新帝国主義は植民地支配はしない。植民地の維持にコストがかかるからだ。むしろ日本の若年層の就職難を利用し、「現地職員募集」という形で、中国や東南アジア、ロシアで日本人を雇用し、低賃金でこき使う。かつての帝国主義は、本国の民族は支配者で、植民地の人々をこき使うというやりかただったが、新帝国主義では、本国で弱い立場に置かれた若者を外国で雇用し、徹底的に搾取、収奪する。

〈「こう言ってはなんだけれど、日本でワーキングプアやフリーターだった人は、上海に来てもやっぱりワーキングプアで不安定なんだ。でも、それでも上海でなら、日本人である限りは何となく生活できちゃうのも確かだし、一概に悪いとは言い切れないけどね。日本でも海外でも『通用しない人』だったら、せめて海外で暮らす方が人生のストレスは少ないかもしれないしさ」

日本国内で使い物にならない人たちが、海外に出ても成功できるわけはない。

彼らの月収は、職を持っている人でも三〇〇〇元から一万元（約一・五万から一二万円）程度だ。日本はもちろん、経済発展著しい上海においても大した金額ではない。〉（安《やす》田《だ》峰《みね》

俊《とし》『和僑《わきょう》――農民、やくざ、風俗嬢。中国の夕闇に住む日本人』角川書店、二〇一二年、一六〇頁）

こういう劣悪な環境に若者を誘う手配師（人材斡旋業者）は、「人たらしの流儀」の達人だ。本書には、他人の心をつかむ、他人を自分の考えに同調させるといった「人たらしの流儀」が具体的にいくつも紹介されている。「人たらしの流儀」自体は、善でも悪でもない価値中立的なものだ。この流儀を前向きに、自分の出世のために使うこともできる。同時に閉塞的な社会状況においては、国家、会社、悪質手配師にだまされないようにするために、「人たらしの流儀」についてよく知って欲しい。本書から値段相応の満足感を得られると私は確信している。

本書は、天賦の才を持つスーパー編集者であり小説家でもある小峯隆生《こみねたかお》氏の協力なくしてできませんでした。この場を借りて小峯隆生氏に深く感謝申し上げます。

二〇一三年二月九日

佐藤　優

まえがき

二〇一一年三月十一日の東日本大震災以後、日本の歴史は新しい段階に入った。これまで日本で通用していた常識が通用しなくなってしまった。東京電力福島第一原子力発電所の事故がそのことを端的に示している。

太平洋戦争で敗北したのちの日本は、アメリカの価値観を受け容れた。そこでは合理的な思考で物事を考えることが基本になる。福島第一原発は、日本のエリートが英知を結集して合理主義に基づいて造られた。しかし、想定外の大地震と津波によって大事故が発生してしまった。これに対して、「マグニチュード9・0の地震を予測しなかったのが間違いだ。マグニチュード9・4まで想定しておくべきだった」とか「三十メートルの津波を予測した施設を造るべきだった」というような批判には意味がない。仮にマグニチュード9・4の地震や三十メートルの津波に耐えられる施設を造っても、それを超える大災害が起きる可能性が排除されないからだ。重要なのは、人間の理性でとらえることができるのは、森羅万象のごく一部分にすぎないという自然に対する畏敬の念を持つことである。

福島第一原発事故に関連した東電幹部や原子力安全・保安院（現・原子力規制委員会）幹部の記者会見のテレビ中継を見て、うろたえ、情報を何度も訂正する姿を見て、多くの国民が「これで大丈夫だろうか」という不安を感じたと思う。あの人たちは、一流大学を卒業し、競争試験に勝ち抜いた日本の超エリートである。専門能力には長《た》けているが、何か重要なものが足りない。胆力が足りないのである。日本でエリートになるためには、偏差値秀才になる必要がある。そのためには教科書に書いてある内容を正確に覚え（理解しなくてもいい）、それを一時間〜二時間の制限時間内に、筆記試験で再現させる能力をつければよい。もちろんこういう記憶力と復元力はエリートとして最低限、必要とされる能力である。しかし、それだけでは十分ではない。信頼感、指導力、共感力などの数値化されない、筆記試験で測ることができない能力が真のエリートには必要とされるのである。偏差値エリートが社会に出ると、競争で勝つことに生き甲斐を覚えるので、がむしゃらに働く。その結果、健康（精神面を含む）を崩して競争から脱落してしまう人も多い。また、競争に敗れると、やる気を完全に失ってしまい、無気力人間か世の中をすべて斜めに見るひねくれた人間になってしまう。あるいは、競争に勝っても、仕事はできるけれど他人の気持ちになって考えることが苦手という誰からも好かれない人間になってしまう（こういうタイプは官僚に多い）。こういう偏差値エリートは「攻め」に強いが「守り」に極端に弱い。その姿が東電や原子力安全・保安院の幹部に端的に表れている。あの人たちだって決して悪人ではない。ほんもののエリートとして必要とされる胆力に関する訓練を受けていなかっただけだ。

胆力は人間関係によってしか鍛えることができない。そのための教科書としてこの『人たらしの流儀』を活用してほしい。

人たらしの流儀　目次

章扉イラスト・管野研一

講義1

インテリジェンスとインフォメーションの違い

書店の店頭には山ほどビジネス書が並べられている。

ビジネス書の多くが、自己啓発書・自己能力向上書である。

現在、誰もが経験しなかった人口減少という新型不況の下、いかに、ビジネス社会の中で生き残りを図るか皆、必死である。自らの能力を高めようと必死に、様々な本を読んで知識武装しようとするビジネスマンは多い。

確かに大切なことではあるが、それよりもさらに重要なことがある。

「自己能力向上は対人関係の中でしか養えません」

と作家・元外務省主任分析官佐藤優氏は言い切る。

なぜ、そうなのか?

それは、この講義を読み進めれば、自《おの》ずと明らかになるだろう。

では、対人関係の中でしか、自己能力を高められないのならば、どこに向上のポイントがあるのだろうか?

国家の命運を決める情報（インテリジェンス）コミュニティ、そこでは日々、対人関係を通して情報の奪い合い、交換、懐《ふところ》の探り合い、騙《だま》し合いなどが行なわれている。

その結果、一つのインテリジェンス活動がもたらした情報が、一国の運命を左右する場合が多々出てくる。そんな情報コミュニティに身を置いた者の語る対人関係の術《すべ》・対人力を学ぶことは、インテリジェンス活動を行なうわけではない一介のビジネスマンにとっても大変有益なはずだ。

対人関係を広げつつ、自己のインテリジェンス能力を高め、ビジネス社会を生き抜く力を学び強化する。

いまや、これしか生き残りの術はない。

講師は、佐藤優氏。

小渕恵三首相当時の特命で、日本初のインテリジェンスチームを発足させたプロ中のプロである。

さっそく講義に耳を傾けよう。

インテリジェンスとインフォメーションの違いとは？

――まず、はじめに、インテリジェンスはインフォメーションとどこが違うのかを教えてください。

わかりました。インフォメーションはそこら辺にある情報なんです。どんなものでも全部インフォメーションです。

それに対して、インフォメーションを拾う時に取捨選択が行なわれて、さらに選択されたインフォメーションをどう見るかということで評価がなされた情報が、インテリジェンスなのです。

インテリジェンスを仮に情報とすると、インフォメーションは情報資料ということになります。

食べ物を例に考えてみましょうか。

ヤキソバを作るとしましょう。

インフォメーションとは、ヤキソバ用の麵、それから、キャベツ、人参、玉葱《たまねぎ》。他に間違えて、レタス、サツマイモとかも入っている。

それらのなかから適切な材料をちゃんと仕分けしてから、切って素材にすることが、インテリジェンスの第一歩です。

その後、最終的にヤキソバを作り上げるまでがインテリジェンスです。

――ビジネスシーンでのインテリジェンスの具体例はありませんか?

たとえば、朝に新聞紙の束だけをバサッとわたされたら、それはインフォメーション。

ところが、新聞記事の中に付箋《ふせん》が付けられていたり、ラインマーカーでチェックが入ったりしていたら、それはインテリジェンスになります。

――なるほど、我々の周囲には、インテリジェンスにまで調理できるインフォメーションは溢《あふ》れているのに、多くのビジネスマンがインフォメーションをインテリジェンスに変換できていないわけですね。

その通りです。インテリジェンスを「地頭《じあたま》」という形で訳してもいい。

——「あの人は地頭がいい」と言う時に使うあれですか？

そう。要するに生き残るための知恵がどの程度あるか？　だから、知識が山ほどあっても、それを生き残りのための商売に使わないと意味がない。たとえば、ビジネスマンならば、よくご存じだと思うけど、マーケティングの理論をいくら知っていても、自分が扱う商品が売れなければ意味がないわけです。

——周りにそういう人がたくさんいそうですね。

インテリジェンスが優れているかは、常に結果がすべて。常に事後で決まる。

——結果がすべてで、一回勝負ですか!?

そうでもないです。インテリジェンスの世界は、私の経験で言うと、三回、チャンスを与えられる。しかし、三回ともうまくいかなければ、「あの人はいい人なんだけどね」で終わる。そうしたら、インテリジェンスの世界でその後、相手にされない。

——なるほど、チャンスは与えられるけれど、結果が残せなければダメなんですね。厳しい世界ですね。

ちょっと悪い言い方をすると、ずるい奴というのはインテリジェンスがある奴なんですよ。

但《ただ》し、ずる過ぎると、皆から信用されなくなって逆に損をする。

だから、インテリジェンスの理想的人間像は、「ずるさを隠すことのできる程度の知恵のある、ずるい奴」なんです。

——ちょっと厄介な切れ者という感じですね。

そう。インテリジェンスとインフォメーションを区別できたならば、別の切り口から、インテリジェンスとインテレクチャルを区別しないといけない。

——インテレクチャル？

辞書を引くと、情報、知性、さらにいろんなものが出てきます。

インテリジェンスというのは、実は動物に使っても構わないわけ。あの猫はインテリジエンスがある、あのゴキブリはなかなか捕まらないからインテリジェンスがある、という使い方をしてもいいのです。

——ゴキブリにインテリジェンスがあるんですか？

あります（笑）。生き残るための知恵は、インテリジェンスなので、ゴキブリにもあります。

しかし、インテレクチャルは、人間にしかありません。

それは教育で教える知識です。インテリジェンスは生き残りの知恵です。

インフォメーション、インテリジェンス、インテレクチャル、三つの違いはそういうことになります。

——なるほど。三つの違いがよくわかりました。では、このインテリジェンスを駆使していかなくてはならない、現代社会を構成している集団について目を向けてみたいと思います。だって、インテリジェンスを駆使していく相手なのですから、その相手を知る必要もありますよね。最近この不況下で、企業では一気に、ボトムテンと言われる、営業成績や社内評価で決めた順序で百人中、下から十番以内の連中の首をどんどん切る。「悪いところは切った」と言わんばかりに……。

ところが実はそうでもない。残った九十人の中で九人が新たなボトムテンとなる。

「2-8（にっぱち）」とよばれる法則があります。

蟻《あり》でも動物でも群れをつくる生物は仕事を積極的にしているように見えるが、実際に動き回るのは全体の二割。

その二割だけで精鋭部隊をつくったとしても、その部隊で動き回るのはわずか二割。だから、どんな集団をつくっても、動物はインテリジェンスからすると、常に二割が八割の仕事をする。それで、残り八割が、二割の仕事をする。群れ全体のバランスが保たれる。下だけをぶった切っても、比率は変わらないので新たな下位集団ができるにすぎない。

たとえば、霞ヶ関（中央官庁）や大企業で足を引っ張っているのは、東大卒の下位集団。

もはや、東大出身というだけしか、自分の売りがないというような人々。こんな連中が学歴弊害をつくり出している。

無能であるがゆえに、東大出身という点だけにアイデンティティを求めるしかない。

——過去、こんな事件があったんですよ。

東大出身の無職の若者が、卒業して社会に出てみると、これまで自分が学んできた、教えられてきたこととぜんぜん違う、これは、そのような教育をしてきた文部科学省が悪いんだと思い込んで、文部科学省の役人に次々と〝殺すぞ〟といった内容の脅迫メールを送って、警察に逮捕されたんですよ。親は泣いてますよ。東大出て無職、それで今度は犯罪者ですよ。

そういう輩《やから》は、インテレクチャル（知識）はある程度あるんだけど、インテリジェンス（生きていく知恵、生き残る知恵）がゼロ。だから、インテリジェンスは地頭で勝負なんです。

ただ、そのインテリジェンスにインテレクチャルがついていかないといけない。さらにインフォメーションがついていかないといけない。

――日本語だけで表現しますと?

インテリジェンスを、「知恵」とすると、インテレクチャルは、「知識」または、「有識者」となります。

――すると、さっきのゴキブリの話に戻れば、奴らには生きていくための雑多なインフォメーション(情報資料)はある。その中から、取捨選択し生き残るためのインテリジェンス(生き残りの知恵)もあるが、学校に行って教育を受けてないので、知識=インテレクチャルがない、ということですか?

そうです(笑)。

『嘘《うそ》をつかないこと』

今回の講義で重要なのは、あなたのインテリジェンス能力を鍛えるには、まず、嘘をつかないということ。

――諜報社会において、嘘は相手を欺《あざむ》く重要な手段のように思えますが？

それはね、結局インテリジェンスの世界はゲームだから、嘘をつくと、そのゲームが複雑になり過ぎる。

嘘を許容するゲームにするか、嘘を許容しないゲームにするかで、ゲームの幅が大分、違ってくる。

ドイツの社会哲学者、ユルゲン・ハーバーマスの『コミュニケイション的行為の理論』に出てくるんだけど、「発話主体の誠実性」ということになるんです。

――簡単に言いますと？

この世の中、国会や、世間、論壇などでやっている議論、論争は嘘をつかず正直に思っていることを言ったり、書いたりしているという建前の上で行なわれているんです。その発話自体に嘘が混じる、即《すなわ》ち、発話主体の誠実性が疑われる時は、論戦にならないんですよ。

もっとも政治家や論壇人は立場に縛られると、正直な発言をしないことがあります。これに対して裏の世界で生きるインテリジェンスの人たちには、プロの間では嘘をつかないという掟がありますこれが意外と守られているのです。インテリジェンスの世界で重要なのは、内心では相手が嘘をつくかもしれないと思っているとしても、表面上は、相手に対して、嘘をついたら恐いよと、牽制《けんせい》していくわけ。

——なるほど。確かに小さい嘘を重ねていくと、やがて、大きい嘘をつかなくてはならなくなる。だから、嘘をつくなと。

そうそう。だから、インテリジェンスの新人教育で重要なのは嘘をつかないこと。これは、非常に重要です。

一般企業でも同じ。

最近は若者も中年も、一部上場企業などのそこそこの会社で働いている方々は、子どもの頃から誉《ほ》められ続けて、怒られるということをあまり経験していない優等生連中が多い。

こういう連中は小嘘をつく。そういうことを続けていけば、どこかで大嘘をつかざるを得ない状況に追い込まれてしまう。

だから、どうすればいいか?

普段から嘘をつかない仕事や生活をする。

――それができる人と、できない人をどう見抜きますか?

たとえば、上司から、「あの頼んでいたFAXは送ってくれた?」と聞かれる。「あっ送りました」と送ってなくても、そう言う若い連中は多い。よーく見ていると彼らはあとからこっそり送っていますよ(笑)。

その人間の正直度を試すために、僕の場合は次のようにしています。

「何々やっておいてくれた?」

と。そこでね、「忘れました」と正直に言える人間かどうか、見極めます。

――なるほど。ビジネスの世界でも信用は重要なことですもんね。でもその一方で、ロシア人スパイたちが得意な、嘘をつかずに嘘をつく、『象さんの法則』は基本中の基本です。

そうそう。決して嘘をつかずに、嘘を伝える。

ロシア人がよくやるやり方。

ここは熱帯です、大きな動物がいます。足はこんなに大きくて、皮膚はザラザラしている。ちょっと毛も生えていて細い尻尾《しっぽ》がついています。さて、この動物は何でしょう?

普通は、象と答えるが、答えは犀《さい》。

「鼻がどうなっているか、訊《き》かなかったお前が悪い」となる。

この過程で一番大切なのは、発言者は嘘をついていないこと。

だから、「鼻が長いのか?」

と聞かれたら、

「鼻は長くないけれども角がついている」

となる。

——ちゃんと質問していかないと、きちんとした答えに辿《たど》り着かない。

そういうことです。

――少し蛇足になりますが、美しくない女性に、『美人ですね』と言うのは嘘になっちゃいますよね。

これは難しい。

美しくない女性には「美人だ」と言わないで、「素敵なハンドバッグを持っているね」とか、モノを誉める。ホステスがよく言うのは、誉めるところがまったくない男が来たら、「いいネクタイね」とネクタイを誉めろと。大切なのは、嘘をつかないことです。

次回は、佐藤氏が対人力を最も発揮した世紀の大事件、一九九一年八月のロシア（当時、ソ連）で発生したクーデター未遂事件。その時、世界でいち早く、たった一人だけ、「ゴルバチョフは生きている」と日本本国に打電した佐藤さんは、どんな人間関係の中からこのインテリジェンスに辿り着いたのかを話していただきます。

講義 2

正しい情報を取るための二つのルール

今回は、作家・元外務省主任分析官の、佐藤優氏が対人力を最も発揮した世紀の事件を題材に『人たらしの流儀』を学ぶ。

一九九一年八月のロシア（当時、ソ連）で発生したクーデター未遂事件。

当時の日本にはロシア国内の情報ルートがなかったため、クーデターの先行きを把握できなかった。ヤナーエフ副大統領らが政権を奪取した場合を考慮して、国としての態度を明確にできない日本。

その時、世界でいち早く、たった一人だけ、「ゴルバチョフは生きている」と日本本国に打電した佐藤氏は、どんな人間関係の中から対人力を発揮し、このインテリジェンス（情報）に辿《たど》り着いたのか？

早速、始めましょう。

正しい情報を取る方法

――「ゴルバチョフは生きている」という情報に、あの時どうやって、辿り着いたのですか?

あの時、その情報に辿り着くには、まず、広範囲な人間関係を持っていないとダメでした。しかし、だからといって、闇雲《やみくも》に広範囲にその関係を構築しようとしても無駄です。

インテリジェンスの世界の大原則として、正しい情報を取るには二つのルールがあります。

「第一 その情報源の人物が、こちらの知りたがっていることを、知ることができる立場にある人物か否か?」

これは、その人物が、たとえ有力者でいい人でも、それを具体的に知ることができる立場にいなければ、その人物の情報は確実性がないのです。

あやふやな情報は、米国でもロシアでも、どんな世界においても多いものです。

いま、オバマ大統領に直接会える人は少ないでしょう。そこでオバマ大統領に関する情報を得るためには、オバマ氏にいつも会っている人をこちらは標的にする。要するに、オバマ氏と日常的に直接、話ができる人です。たとえば、日程管理担当の大統領補佐官です。

インテリジェンスの世界では、北朝鮮の金正日《キム・ジョンイル》（二〇一一年十二月死去）でも、日本の総理大臣、アメリカの大統領を相手にする時でも、キーパーソンは、日程管理の補佐官なのです。トップのプライベートも含めて、彼らのスケジュールを全部、握っているからです。

「第二　その情報源の人物は真実をこちらに教えてくれるか否か？」

これは第一回の講義で説明した『発話主体の誠実性』です。

この二つの条件がクリアされていないと、いけない。

――それらの前提条件が満たされたうえで諜報活動を開始するわけですね。

その前に、どんな事件が起きていたのかを再確認しましょう。

あの時の第一報は「ゴルバチョフが幽閉された」でした。

当時のロシアの政局は三つに分かれていました。

●ゴルバチョフ派

●クーデター派（共産党守旧派）（ゴルバチョフを幽閉したヤナーエフ副大統領グループ）

●エリツィン派

この三者がプレーヤー。

では、ゴルバチョフの安否を確認するにはどのグループが最適でしょうか？

エリツィン派？　ゴルバチョフ派？　この二グループは、事件が起きた時点では情報を持っていません。持っていてもあやふやな情報でしょう。では……。

——クーデター派にコンタクトを取る？

そうです。クーデター派の中で、真実を知り、本当のことを教えてくれる人にあたる。これが定石です。

——クーデター派が、一番の当事者ですからね。

しかし、当時、ロシアの日本大使館は、大手新聞の記者とか、ゴルバチョフの補佐官を捕まえようと必死になっていました。私は横で、「こういうところから得た情報を信じて大丈夫かな？」と心配していましたけれど……。

――しかし今回の場合、被害者であるゴルバチョフ派も、連れ去られた瞬間まではよく知っている立場、当事者ではありませんか。

ただし、犯行グループに聞かないとゴルバチョフの安否はわからない。犯行グループ以外の人が述べる連れ去られて以降の安否情報はすべて憶測にすぎません。ただし、エリツィン派との接触も最初の時点では、とても重要でした。なぜならば、エリツィンが拉致《らち》されたという情報もあったからです。

――えっ、それは知りませんでした。

事実、エリツィンを拉致、または、射殺する計画があったのです。ところが、彼はわずか十分ぐらいの時間差で助かった。もし、エリツィンが事件当日、あのままアルハンゲリスコエ村の別荘にいたら、拉致または射殺されていたでしょう。しかし、十分の時間差でホワイトハウス（ロシア共和国最高会議ビル）に向かったのです。

しかし、そんなことは、私たちにはまだ、わからない状況です。どうしたかといいますと……。

——今回の講義の冒頭に話された日程管理の補佐官ですね。

そうです。エリツィンの日程管理の補佐官、ツァレガロッツェフに電話しました。そうしたら、

「エリツィンは隣の部屋に、いま、いますよ」と話してくれました。

「本当にいるか、どうか、見てきてくれない？」と私はお願いしました。

そうしたら、「ああ、わかったよ」と。

しばらくして、「本当にいるから、大丈夫だよ」と返答がありました。

これで、まず、ひと安心です。

なぜ安心できるのか？

それはツァレガロッツェフが、インテリジェンスの世界の二つのルールをクリアしている人物であったからです。

――すると残るは、「ゴルバチョフの安否」ですね。

ゴルバチョフの安否を確認せよ

私の人脈の中からクーデター派の二人の人物が思い浮かびました。一人が、ロシア共産党の第二書記のイリインです。この人は日本の国会にあたるロシアの最高会議の代議員でもありました。もう一人は、ロシア共産党の政治局員で、ラトビア共産党の第一書記のルビックスです。

しかし、ルビックスは、ラトビアのクーデター体制整備のためにモスクワからリガ（ラトビアの首都）に戻ってしまいました。ですからまず、イリインにコンタクトを取ろうとしました。

イリインとは、人間関係を構築し始めてまだ半年ぐらい。非常に誠実な感じがする人物でした。イリインは、ゴルバチョフのペレストロイカ（民主主義的要素を取り入れた大改革）路線がこのまま進むと、ロシアが社会主義国家ではなくなってしまうから、逆に社会主義体制を強化するためにペレストロイカを遂行したいという考え方の持ち主でした。と同時に、ロシアの国家体制に殉じようという強い気持ちも持ち合わせていました。

だから、イリインは言っていることと、やっていることが乖離《かいり》していない人物でした。少なくとも、私には嘘《うそ》をつかないと確信していました。

しかし、クーデター発生の日から何度も電話するのですが、秘書官しか出てこない。そうこうするうちに、その秘書官を通してイリインから私に電話がかかってきました。イリインとは、こんな会話を交わしました。

「情勢はどうですか？」

と私が訊くと、

「元気にやっている」

「ゴルバチョフは元気ですか？」

「電話で話すことじゃない」

「会ったら教えてくれますか?」

「いいけれど、いまは時間がない」

「それでは、時間ができたら、連絡をください」

とお願いし会話は終わりました。

けれど、こんな情勢だから、会ってくれるとはとても思えませんでした。

ところが、クーデター発生から二日目に、

「明日の午後一時半にロシア共産党委員会の第二書記の部屋に来い」

と連絡が来ました。

そして、現地に行きました。

――クーデター発生当時のモスクワ市内は、とても危険ではなかったのですか?

そうですね。かなりの数の市民が出ていまして、いつ、暴動が起きてもおかしくないような状態でした。異常な熱気がありました。ですから自分で車を運転して、暴動などに巻き込まれると怖いですから、借り上げたハイヤーで、モスクワの中心部に行こうとしたのです。

しかし、赤の広場辺りに、デモ隊がいて、身動きが取れなくなりました。仕方なく、そこで車を下りて、歩いて移動しました。

赤の広場の真向かいにマルクスの像があります。

その像に、卑猥《ひわい》な落書きがあった。こんなことは、それまでは決してなかったことです。国家が本当に崩壊し始めたのだと感じた象徴的な光景でした。本当に秩序が崩れたのだと実感しました。

インテリジェンスの世界では、そんな観察力も非常に重要なことなのです。国家の中心になるような象徴的な場所に卑猥な落書きを書かれるようになると、それは国家が崩壊する危険な兆候と見るべきです。

――米国ならば、ホワイトハウス、日本なら、国会議事堂。今後、気をつけて見ます。

それから、私はそんなマルクス像を見ながら、歩いて行きました。第二書記の部屋に案内されて、ちょっと待ってくれませんかと、お茶を出してくれて、そこで待っていました。

こんな時のロシアのインテリジェンス（情報）で重要なことがあります。

——何ですか？　応対に出てきた秘書の美人度ですか？

いえ、出された飲み物に着眼することです。出されてきた飲み物がコーヒーか紅茶かで、相手の思想的な背景が見抜けます。

ロシアでは、紅茶は保守的な飲み物とされています。保守派の人々は紅茶を好んで飲みます。進歩（改革）派のインテリは、コーヒーを好みます。紅茶は右翼、コーヒーは左翼と、ロシアではそう見られます。

あの時、第二書記の部屋では紅茶が出されました。それにレモンとか、オレンジの砂糖漬けを出してくれました。その時の砂糖漬けがなかなかの高級品でした。お茶に添えられるそんな菓子も見過ごせません。相手から私がどの程度のお客としてもてなされているかがわかります。

——それで、イリインとは会えたのですか？

会議を抜け出して、出てきてくれました。そして私は訊《き》きました。

「ゴルバチョフを殺したのですか？」

「違う」

「もう死んでいるんじゃないですか？」

「違う。ゴルバチョフは生きている。そして、今、ラジクリットだ」

その時、私はロシア語の「ラジクリット」の意味がわかりませんでした。

しかし、こんな時は、決して聞き返してはいけません。

この状況で、イリインは、重要な情報を私に漏《も》らした。

状況は異なりますが、酔った相手がふと漏らした話は、相手が素面《しらふ》になってから再確認してはいけません。

素面の時に、「あの時、こんなことを言われてましたが、あれって何ですか？」なんて聞けば、相手は酔っていた時にいろいろ聞き出されてしまったと、警戒するようになる。

だから、本当に重要な話を相手が思わず漏らした時は、絶対に聞き直してはダメです。

──興味を持ったような素振りを見せることもしない？

してはいけません。そういう時は記憶力が重要になってきます。ある一つのキーワードがわからないとしても、先ほどの話で言えば、「ラジクリット」ですが、これは音で定着させてしまうのです。

あとで調べたら、『ぎっくり腰』でした。こちらとしては、ゴルバチョフは生きている、『ラジクリットだ』で、十分でした。

──だけど、その情報を早急に、持ち帰らなければならないですよね？

そう、まさに一刻を争う状況です。日本大使館まで歩いて帰ったら、四十分ぐらいかかってしまいます。そこで、赤の広場を突っ切って、「ロシアホテル」という、当時マフィアの巣窟《そうくつ》で、管理売春とキャビアの密売、白タクをやっている場所に向かいました。そこへ行き、タクシーに近づくと、

「バーリン（旦那《だんな》）、何の御用で？」

と、聞いてきました。ロシア語でミスターは、ガスパージン。それに対してバーリンと

いう場合は、旦那！　です。

——日本だと、江戸時代の箱根路・駕籠《かご》かきの雰囲気ですね？

そうそう。それで、私は「大至急、日本大使館に帰りたい」と伝えて、十ドル渡しました。そうしたらもう、「神風タクシー」の如《ごと》しで、トランクから緊急車両用のランプを出して、サイレン鳴らして、走る、走る。違法ですよ、もちろん。しかし何でもありだったんでしょうね。混乱していましたし。

走行中に、「旦那、このサイレン、安くしておきますよ」って、国家が非常事態なのに売り込んでくるんです(笑)。そうこうしているうちに、五分ぐらいで、日本大使館に到着しました。

——そして、世紀のモスクワ発、極秘外交電、『ゴルバチョフは生きている』が発せられたんですね。

こういうのは、全部、インテリジェンスの総合力の勝負なんです。

——共産党の幹部から、トップの補佐官、マフィアまで一瞬に使いこなす。

この時の経験は、その後、エリツィン、プーチンの周辺に人脈を張り巡らせる時にどんなふうにやればいいかの良い勉強になりました。

人脈のつくり方

――イリイン第二書記とは、初対面はどこだったんですか？

本格的に親しくなったのは、モスクワにアントニオ猪木さんが来たときです。オクチュアルホテルというところで、パーティーをしていたのに飛び入りしました。「世界の猪木」ですからね。

その時に初めて個人的に話をしました。

お会いしたあとに波長が合うことに気がつきました。この人は誠実で正直でかつ慎重。いわゆる、外向的なタイプではないなと感じました。

――今回の講義の二つのルールに合致していたんですね。

八方美人型の輩はやっぱりダメですからね。

――まず、どうしましたか？

名刺を交換しました。そして、交換したあとに、御挨拶《ごあいさつ》に行きたいと私からコンタクトしました。

その時のやり方で重要なのは、「教えてください」という心構えです。イリインの発言が新聞に出たあと「あの発言に関して非常に関心を持ちました。もっと、詳しく教えてください」と連絡します。

向こうにしてみれば、外国人と付き合う必要はまったくないのです。しかし、あえて、そこで、「教えてください」とお願いに行く。

人間は誰しも、自分の考えていることを他人に聞いてもらいたい願望がある。真面目《まじめ》な人間であればあるほど、その願望は強くなります。

インテリジェンスの要諦《ようてい》は、相手の願望・欲望にどうやって付け入るかにあります。だから、人の話を聞くという行為は、大切なインテリジェンスの一つです。

——何か、お土産を持って行かれたんですか？

何もないです。身一つです。相手にわたすカード（情報）がない時は、とにかく、聞き上手になることです。

——なるほど。ところで、エリツィンの安否を確認した補佐官とはどんな形で交流が始まったのですか？

この補佐官に、とあるAという人物を仲介して、連絡を取ってくれと指定されたからです。

——しかし、あの非常時に「ちょっと見てきてよ」と頼める間柄になっていたんですよね？

そういう間柄になるまでに、小まめに連絡を入れ、この補佐官とは食事もしていました。

まず、これからお世話になりますから、一度お食事にでも行きませんか？　と誘って、昼食を食べるのです。昼食ですよ。夕食は、かなり関係が進んでからです。

それに食事に行った時、仕事の話はしてはいけません。これが、ミソです。まず、信頼関係の構築から開始です。そして、「何かできることがあったら、お力になれることがあったら、何でも言ってください、お手伝いします」と伝える。そうしておいて、ロシア日本大使館の行事に小まめに声をかける。その補佐官だけでなく、仲介の労をとってくれた人にも忘れずにです。

——その人も単なる仲介役ではなく、一人の友人、大事な人間ですという扱いをするということですか？

そういうことです。トップとの関係が深まってからも、補佐官との関係をとても大事にする。

打ち上げは必要⁉

——クーデター事件のあと、その二人には、御礼のようなことはされたんですか？

補佐官とは一緒に飲みました。

イリイン第二書記とは事件後、一カ月を経て、モスクワで一番高い日本料理店を借り切りにして、生演奏バンドを入れて、思いっきりドンチャン騒ぎをやりました。日本円にして二十万円ぐらい使いましたが、日本大使館から出たのは十万円。残りは自腹です。そのくらいのリスクを冒して私のために情報を提供してくれましたから……。すると、その日は大きなオマケがついてきました。

——また、何か新しい情報ですか？

すごいものを見せてもらうことができました。「家に来ないか？」と誘われ、イリインの家に行ってみました。

イリインはこう言うのです。

「実は、私はエリツィンと同じマンションに住んでいるんだよ」

と。

驚きましたね。イリインは、未遂に終わったとはいえクーデター派の人間ですよ。エリツィンはイリインとは相反するグループです。

イリインは、エリツィンが何処《どこ》に住んでいるのかを見たほうがいいだろう、ということで連れて行ってくれたわけです。

イリイン家の窓から、エリツィンの奥さんと娘さんがいるのが見えるのです。ロシアは窓にカーテンをつけません。ロシア共産党とロシア政府。双方のキーマンがお互いの生活を容易に知り得るほど近い場所にいたという不思議な場面を見せてもらえたわけです。

表面上は喧嘩《けんか》しているけど、エリート層はエリート層で、きちんとつながっていたわけです。彼らの間に人間的な信頼関係は存在する、その辺りの雰囲気がわかりました。

——今後、ロシア国内でどんな困難が発生しても、ギリギリの最後のところで解決できる。なぜならば、争ったとしても、お互いに知り合いでご近所さん同士だから、という日本人が知り得ない、ロシアの深い事情がわかったということですね。

そういうことです。根底には皆、ロシアの愛国者だという共通の認識があるのです。

講義 3

インテリジェンスとランチ

「ゴルバチョフは生きている」と動乱の最中、モスクワから極秘外交電を発することに成功した佐藤優氏。

そのインテリジェンスの陰には、佐藤氏の地道な「人たらしの流儀」に基づく活動があった。

やがて、世界でいち早く「ゴルバチョフは生きている」と打電するきっかけとなった人脈をつくってくれた秘書官との人間関係の構築。

佐藤氏はその秘書官と、最初にランチに行った。それはランチでなければならなかった。

なぜ、ディナーではなく、ランチであったのか？　インテリジェンスにおける「ランチの作法」にせまります。


——『自壊する帝国』（新潮文庫）で佐藤さんはゴルバチョフの消息を確認したのはロシ

ア共産党幹部からだと書いていますが、その人脈は、人づてに紹介されたある秘書官から始まったということですね。最初にその秘書官とランチに行かれたんですよね？　なぜ、ランチだったのですか？

最初は、ランチです。ランチというのは、仕事と仕事の合間の食事です。ともに食事をする、それは昼食といえど仕事なのです。

それに対して、ディナーは仕事が終わったあとだから、プライベートに含まれます。ですから、ランチです。先方もランチなら仕事ということでＯＫしやすいのです。

――その秘書官とは、どんなランチだったのですか？

確か、普通の洋食屋さんでした。スイス料理でした。

――あまり、奇を衒《てら》ったものではなかったのですね？　つい、強い印象を相手に残そうと、珍しい料理などにお誘いしたくなるものですが……。

たとえばレバノン料理などはおいしいけれど、羊の脳みそとか、出されても困るでしょう？

――確かに出てきた料理に相手が引いてしまうようでは、困りますね。だから無難な洋食にしたんですね？

そうです。スイス料理ならば、まず奇怪な料理は出てきません。そして、その店はサーブがとても素晴らしかったのです。

――テーブルの選び方にもポイントはありますか？

周囲から見られて困る人と、困らない人でテーブルの選び方は、違ってきます。会食が見られて困る人には、個室を用意します。そうでないときは、基本的にオープンスペースでＯＫです。

さらにワンランク上の注意点は、人数ですね。

――人数？ 会食に一人で行ってはダメなんでしょうか？

会食の相手が女性の場合は、こちらが複数になるほうが賢明です。相手を情報源として人間関係をつくる場合、先方と二人きりだと擬似恋愛感情が生じ好ましくありません。ましてや、セックスは御法度です。

――だから、人数に気をつけるのですね。

「これは仕事です」という雰囲気を強めることができます。そして、そのような相手との時、テーブルの取り方は、対面できるテーブルがいいです。カウンター席は止《や》めた方がいいです。

――なるほど、食事に誘われ、行ったお店でカウンター席。私が男性で、相手が女性だったらそれが仕事であったとしても、つい他のことまで期待しちゃいますからね。

仮に、情報提供者との関係が男女の仲になってしまったとします。肉体関係も絡んでくると、関係がいい時は、必要な情報が確実にすぐ取れます。しかし、その関係を切ることになった際、とんでもないトラブルに巻き込まれます。常に情報提供者との関係はいつ切っても切られても、相手に「貸し」がある有利な状態にしておくことが大切です。

――食事のメニューの選び方にも注意すべき点はありますか？

通常ランチはメニューが固定されています。だから、値段の上から二番目のコースを頼むようにするとよいでしょう。

――どうして値段の上から二番目なんですか？　ここは、ドーンと張り込んで!!

違います。一番上のコースだと、相手が値段を気にします。一番上のコースは次に行った時にでも、頼めばいいのです。

――なるほど。最初は相手に気を遣わせない価格帯を選択し、次回は、「あなたを大事にしてますよ」という意思表示で、一番上のコースを選ぶ。初回の注文時に次回のカードを用意しておくようにするのですね。

そうです。大切なのは、相手が負担に思わないようにする。重くならないようにすることです。

――お酒の注文はどうしたらいいのでしょうか？

ソ連の時代ならお酒を大いに飲みましたが、いまの時代エリートとのランチならばお酒はないほうがいいでしょう。

――お店も、食事も決まり、席に着きました。さて、会話はどう切り出したらよいでしょうか？

まず、相手の言うことをよく聞くことです。相手が話さない場合は、こちらからバカ話をする。どんなバカ話をするかは、自分で幾つかの引き出しを持たなくてはいけませんね。無理やりなバカ話でなくても、相手の興味を惹《ひ》きそうな話題の引き出しは準備しておくべきです。

――落語なら、枕ですね。しかし、ビジネスにおいては、とくに営業マンなどは非常に多くの人に会います。かなりの数の引き出しを用意しないといけないと思うのですが、どう用意すればいいのでしょうか？

人と会う前に、必ずいくつかの小説を読んでおくようにすることです。

たとえば、私が情報収集活動を行なっているとします。そこへもってきて、相手は、秘書の仕事をしている女性。その彼女を落とすという仕事を若い人間たちにやらせようとしています。

私は、彼らに、その女性と会う前に、村山由佳さんの『おいしいコーヒーのいれ方』シリーズを読んでおきなさいと指示します。

――??? 佐藤さんと若い女性向けの恋愛小説? ちょっとすぐには結びつかないのですが……?

たとえば、その作品の名を言って、「あれおもしろいですよね」と相手の女性に投げかける。三百万部ぐらい出ているような人気シリーズならば、読んでなくても、題名だけは知っています。

村上春樹さんの『1Q84』でも齋藤智裕(水嶋ヒロ)さんの『KAGEROU』でもいい。

――会話の糸口、会話のつなぎになりますね。ベストセラーを侮ってはいけませんね。

相手が話に乗ってくるようなら、もう、こちらのものです。あとは、スムーズに進んでいくことでしょう。

――食事のあとの会計をスマートに済ませたいと悩む多くのビジネスマンがいます。よくあるご婦人同士の「今日は、私が払うわよ」闘争にならないためには、どうすればいいのでしょうか?

食事が始まる前に、もう最初に払ってしまうことです。

——えっ？

その「ここは、私が」闘争になる前に決着をつけておく。お店に今日の私のお客さんには、お支払いをさせるわけにはいかない事情があると言って、ぽーんと二万円なりを預けておくのです。そして会食終了後おつりだけもらうのがスマートなやり方です。伝票で回してもいいけど、組織がうしろにあると相手に思われるのは、あまりいいものではありません。

——それだと、「あなたを個人的に大事にしている」のメッセージが相手に伝わりにくいですね。

そうです。ですから、カードでもいい。サインしておいて、あとで数字だけ、入れてもらう。

——なるほど、そうすると、ランチの終わりがジェームズ・ボンドのようにかっこよくなりますね。

そうですね（笑）。

次回は相手を惹きつける、魅力ある自分になるにはどうすればいいのか？「自分の磨き方」についての講義です。

講義 4

天に宝を積む

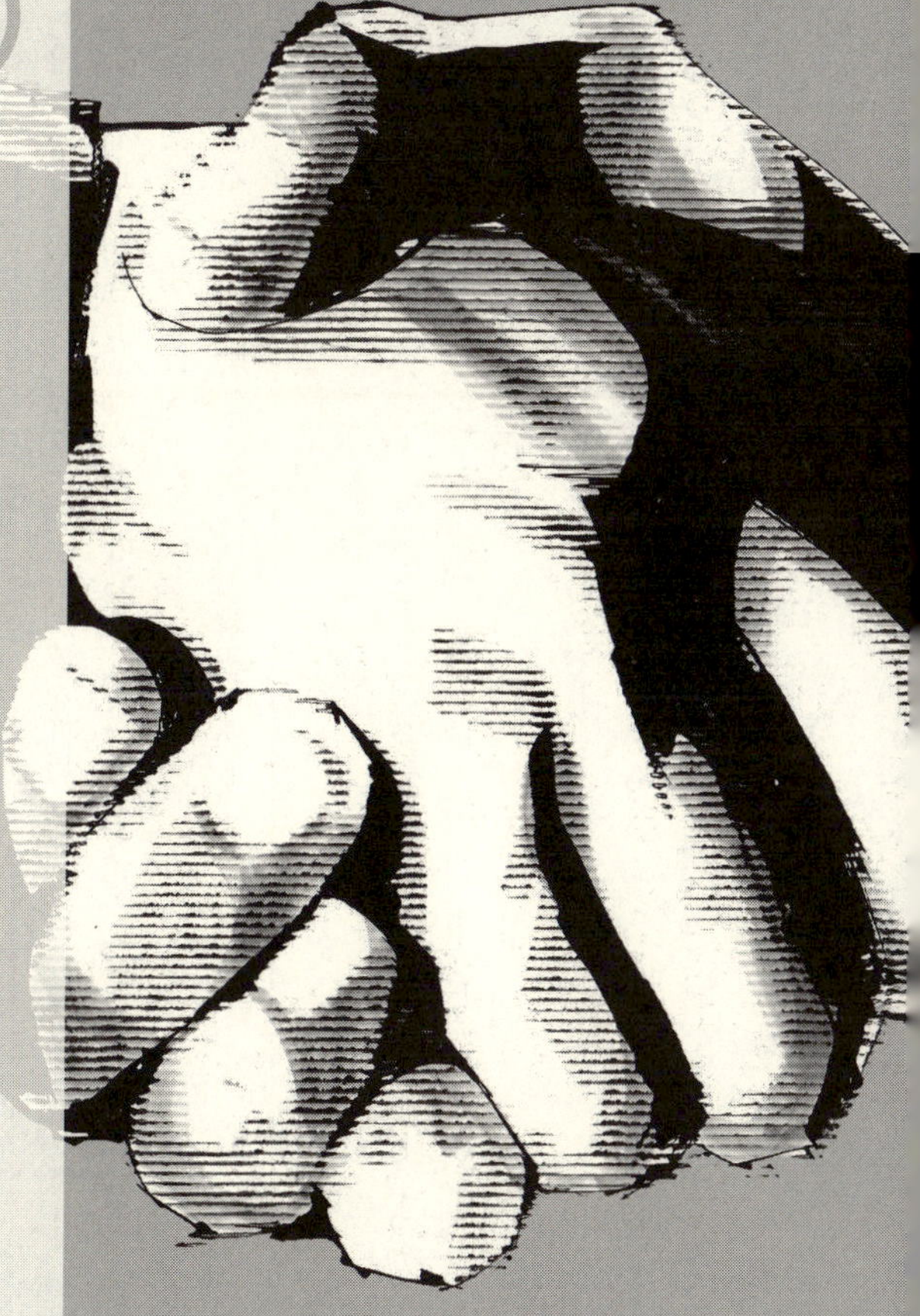

「人たらし」たるもの、まず、自分に相手の関心を向けさせなければならない。もっと言えば、自らが魅力的な人間にならなくてはならない。相手を惹きつける、魅力ある人間になるにはどうすればよいか？

そんな人間になるための、磨き方が今回の講義である。


——相手に対する自分の魅力って、どうしたら、身につき、向上するのでしょうか？

魅力もその人が持つ能力の一つです。その能力も対人関係の中でしか、スキルアップできません。

——対人関係の中で、どうすれば向上するのでしょうか？

簡単なことなんです。私が、私が、と自分を売り込もう、覚えてもらおうと自己アピールに躍起になる人がいますが、対人関係においてはまず、がっつき過ぎないことです。がっつき過ぎると結果的に損をします。

なぜならば、やがて反発を食らうからです。

先ほど申しましたように、私が、私が、が先に立ってしまうような人物は、絶対にトップに行けません。だから、私が一番、トップだ、という感じの自己啓発書は、実のところあまり役に立ちません。

――そうすると、どうしたら、いいですか？　譲り合いの精神ですか？

ちょっと違います。自分の魅力を向上させるために何が大切かを端的に言うなら、『儲《もう》けた銭をばら撒く意思があるか否か』という点に尽きます。

ちゃんと儲けて人に奢《おご》る気概があるのか？　皆に、もっと言えば社会に還元しているか？　ここですね。真のトップ、人間的魅力のある人間は、皆やっていることです。

――その具体例を挙げていただけますか？

たとえば、ビジネスマン諸氏もご存じかもしれませんが、勝間和代さん。彼女は『私は本を書くエネルギーの五倍、本を売ることに懸けているんだ』と言っています。

その勝間さんご自身は、印税の二割を、ある団体に寄付している。

それが、かっこつけてやっているかというと、そういうのではなく、むしろそうしないと、自分の思想が腐るということをわかっていてやっている。

勝間さんはインテリジェンスの何たるかがわかっていて、彼女自身インテリジェンス能力が高い人です。

社会を数字だけ、結果だけの価値観で判断するなら、そんな社会は、まるでリスが檻《おり》の中に設《しつら》えたクルクル回る玩具《おもちゃ》でずっと回り続ける状態になってしまいます。つまり、世界は常に広がることなく、延々同じ風景がつづくのです。それを避けるためには経済の合理性という観点からは違うことを行なう必要があります。

私がフォーラム神保町という任意団体を友人たちとつくって、お金を使っているのも同じです。これは経済合理性に反する行動です。しかし、儲けたお金を人に、社会に還元することによって、対人関係もうまく動き出す。そんな行動をとると、発想も変わってきます。

だから、まず、お金さえ蓄《たくわ》えれば、自分のすべてが満たされる、という欲を実現させようとする悪い病気から離れることが大切です。あのロックフェラーもそうだったでしょう?

――以前、佐藤さんにお薦《すす》めいただいたので、ロックフェラーの自伝を読みました。財団つくって、基金つくって、大金を社会に還元した人物ですね。

だから、真にビッグになりたい、カリスマ性を持ちたいと思うのだったら、見返りを求めることなく、社会に還元しなさいとね。

――役人のように、税で取った他人の金をばら撒くのではなく、身銭を切れということですね。

そうです。役人だってできますよ。自分の給与から社会のためにお金を出すのです。還元先は本当に社会的に弱い人で、必要な所に身銭を切る。決して、名誉や見返りを求めないで使うのです。

――還元ですね。

そうです。これは、『天に宝を積む』というのです。お金がそれで結果的に返ってくる。そうした還元の行為によって、発想が変わってきますから。

――どのくらいの目安で、ばら撒けばいいですか？

人たらしを頭に置くのであれば、勝間さんに倣《なら》って、自分が稼いだ二割を還元すればいいでしょう。

――二〇％ですかっ！

なかなか、できることではないですね。年収が三千万～四千万円以上じゃないとできない話でしょうね。

――年収が二百万円以下だと、二割はちょいとキツイなー。

年収が二百万円の人の場合は五％。だから、一年間のうち十万円を他者のために使う。支援とか、炊き出しにそれを還元するのです。そこから、発想が変わり、結果的にいろいろなモノが回ってくるのです。

――世界経済の破綻《はたん》も、もしかしたら、全部、自分のために使っちゃった人間が大多数だったがためでしょうか。百億円のうち、二十億円を違うことに使っていれば、いまの経済状況も変わっていたかもしれない……。

金融の世界で、金融ディーラーは、十億円とか、五十億円とかいう単位の金額で簡単に勝負します。しかも、会社のお金で。その会社のお金で、五十億円を儲けたりする。それが、ディーラーたちの給料に反映するでしょう？

――もう、あの人たちは、年収何千万じゃなくて、月収が数千万円の世界ですからね。

そうです。ところが、投資に失敗して百億円の穴を開けたら、どうなるか？

投資会社は首になるが、個人資産までは持っていかれません。

――他人のお金で穴を開け、自分は損しない。何かおかしいですね。

非対称なゲームなのです。

――自分の腹は痛まない？

そうです。最大限のリスクは、首になるという、そこまでくらいでしょう。そんな無責任な賭場《とば》ってありますか？

――もしヤクザの運営している賭場ならば、親分は、命張ってますからね。

その通りです。米国のサブプライムローンだってそうでしょう？　お金を返せない人に貸したらダメだという簡単な話なんです。常識で考えておかしい。だから、いま、重要なのは、経済の思想を根本的に変えることです。

——どうするんですか？

アダム・スミスに戻る。

——アダム・スミス？

労働価値説です。

——何ですか、それは？

価値の源泉はすべて、労働である。

一人の人間がサービスとか労働を生産して自分を養うことは可能です。

それなのに、なぜ、貧困が出てくるのでしょうか？

こんな社会は、おかしい。だから、労働価値説の基本に戻ることが大切です。一人の人間が、働いたら、その労働に見合った報酬をわたす。これです。

——そして、稼いだうちの、二割を還元する。

二百万円以下ならば、五％を還元する。

——「天に宝を積む」ことは難しいですね。

講義

5

いい本の選び方、いい読み方

相手を自分の話に引き込むためには、興味のある話題を提供しなくてはならない。話題の引き出しは、多ければ多いほどいい。その引き出しをつくり出すのに欠かせないのが、「本を読む」という行為だ。しかし、時間がないビジネス・パーソンは、おいそれと読書の時間もとれない。いかに、効率よく、効果的な読書をするか。そのための一つとして、「いい本」を選ばなくてはならない。佐藤流の本の選び方、読み方の講義である。

――自分にとって必要な本の選び方はどうすればいいのでしょうか?

まずは大きい書店に行くことです。具体的に申しますと、東京ならば丸善、八重洲ブックセンター、ジュンク堂書店、さらに、三省堂書店に紀伊國屋書店、ブックファーストなどです。

それで、そこの専門分野を受け持つ書店員(ブックアドバイザー)を最大限に利用するのです。本をよく知っている、詳しいのは大学の先生ではなく、書店員なんです。

書店員は何が売れるか？　ということに関心があります。そして、自分の受け持っている本棚に関して、それはものすごい知識があるのです。

自分は、あるいは対話の相手は、どんな分野に興味・関心があるのか？　それをはっきりさせたら、その分野が並んでいる棚に行って、その棚の担当の書店員と相談するのです。

そして、「〇〇問題に関心があります。お薦めの本は何でしょうか？」と訊《たず》ねるのです。

その時の重要なコツは、入門書のような、基本書となる書籍を三ないし五冊、紹介してもらうことです。

――なぜ三ないし五冊なんですか？

奇数で買うのは、著者の見解、主張が分かれているときに自分で判断しなくていいからです。三冊買うと、二冊賛成、一冊反対ならば、その二冊の説を取るのです。

――なるほど。その三冊の内訳を具体的に……。

書店員が一番いいという本と、二番目にいいという本。それから、その分野で、いま一番売れている本。この三冊を買います。

——なるほど、売れている本が「いい本」とは限りませんしね。書店には、どのくらいのペースで通えばいいのでしょうか？　週二回ぐらいでしょうか？

週二回書店に行ける人は、相当、時間的な余裕がある人ですね。第一線のビジネス・パーソンには、それだけの時間を捻出《ねんしゅつ》するのは厳しいでしょう。十日に一回、月に三回程度ではないでしょうか。

そもそも、書店の平積みのノンフィクション、実用系書籍は、十日間で売れなかったものは、移動か、返品されてしまいます。

——だから、十日に一回、書店に足を運ぶ。

いい本は書店員が棚差しにして残しますからね。大規模書店では書店員の作為が働いているのです。書店員が、ひどいと思った本は売れないし、その本は、棚差しにも残されないはずです。

——棚に残る本と残らない本。運命の分かれ道ですねー。

話題の引き出しづくりにつながる本というのは、図書館よりも、いま売れている本の中から探せと？

そうです。いま流通していない本は、存在していないに限りなく等しいのです。膨大な数の本が日々刊行されます。本探し、本選びに慣れていない人は我流で探さないほうがいいと思います。

――永遠に「いい本」に出合えなくなる。

そう思います。また、いい本は、見た目でもある程度、見分けられますよ。

――ベストセラーに『人は見た目が９割』なんて本がありましたが、本は何割なんでしょう？

さあ、それは、どうかなー（笑）。私の経験では７割ぐらいだと思います。

まず、本を見る時は、丁寧に作ってあるかどうかを見ます。

装丁、タイトルがいい加減なのは、中身もいい加減に決まっています。

とくにカバーに誤字、誤植があったり、帯の文が変だったりしたら、そんな本はハナからやめたほうがいいですね。

——本に対する愛を感じませんものね。

平置き、平積みの本は、本の顔が見えます。顔が美しくない、かわいくないのにキャバクラで指名します？

——無理です。キャバクラは、店の入り口にわざと待機場所を設けて美人でかわいい女性を配置しています。

その入り口に、顔が美しくなく、かわいくもない女性がいるとしたら？

——お客は入りません。

奥の方に行くほど良くなっている場合は？

——キャバクラの場合、まず、ありません。

ないでしょ。本も同じ。だから、本の顔であるカバーと帯は大切です。

——本とキャバクラは、ある意味似ているんだ⁉

その通りです。それからね、翻訳書は真ん中ぐらいを開けてみましょう。

そこに、たとえば、『赤坂の溜池のシティホテルの22階の2256号室の冷蔵庫の……』と『の』が連続しているような文章が出てきたら、買わないほうがいいでしょう。翻訳は冒頭と最後のほうに凄く力を入れてチェックしているけど、中抜き、中だるみになっているのがときどきあります。

さらに、いい加減な監修者・監訳者は、序章と最終章しか見ないで、あとは大丈夫だろうというスタンスでやっていることが多いですから。

——なんと!!

もっと気をつけないといけないのはね、いわゆる大御所で監修・監訳だけやっているということになっているけれど、その大御所、実は、過去に翻訳経験がない、なんて方がいらっしゃる。

翻訳の実績がない人に監修・監訳ができるわけがないでしょう。こういう時は、しっかり裏を取っておいたほうがいいですね。

さて、読書には頭がよくなる読書と悪くなる読書があるのですが、ご存じですか?

——な、な、なんですか、それは？

たとえば血液型の本。

これに関しては、すべての実証的な研究において、関係ないことが明らかになっている。

次に、司法試験、国家公務員試験などの受験問題集。

——司法試験の問題集なんて、頭のよい人が読む本の代表格じゃないですか？

基本的に解き方がわかるのはいいんですが、問題集は、すべてがパターン化されて、Aが出たらBと条件反射で頭に入れる訓練です。だから、過度にやると、頭が悪くなる。

——司法試験苦節十年で合格したけれど、いい裁判官にはなれない。

だから、ロクなのいないじゃないですか（笑）。

——あまり、裁判官に会ったことがありませんから（笑）。

だから、司法試験も、公務員試験も苦節数年で合格したからといって頭がいいわけではありません。

――苦節するほど、頭が悪くなる。不幸だなー。

それから、頭が悪くなる読書は、依存症系マニア本の読書です。全体のストーリーは関係なく、自分の溺愛《できあい》する部分だけで興奮するような読み方です。ギャンブルに近いものがあります。気分転換程度ならいいですが、それに依存するようになると……。

――時間の無駄です。

思考はどうなります？

――停止ですね。

たとえば、ギャンブルで既に二百万円、損をしています。そこに、二十万円が手に入ると？

――絶対に取り戻そうと思って次のギャンブルをやってしまう。

大穴を当てようとしてね。

――結果二百二十万円の損となりますね。

しかし、既に二百万円損したあとの二十万円ですから、抵抗感が薄れています。

十%の損だと思えてしまうのです。依存症系のマニア本も同じ状況になる危険性があります。

——どうすれば依存症系の読書を回避できますか？

頭の良くなる本を読むことです。

——頭の良くなる本とは、どんな本ですか？

それは、真理を追究しながら読める本です。

恋愛とは何だろう？

人間の根源とは何だろう？

こういう形で読むのならば、小説でもいいです。

読み方はいろいろありますが、本の読み方は精読。これ一つしかないのです。

——精読？

時間をかけて精読するのです。そのためには、まず、自分の精読能力を知らなくてはなりません。どのくらいの時間、集中して本を読むことができるのか？

標準的なビジネス・パーソンだと、月に三冊。年間に三十六冊、勤続四十年で千四百四十冊。

それが、現役時代に読み込める全体量となるでしょう。

しかし、これでは圧倒的に少ない。

知識をつけるためには、精読する以外の本は速読せざるを得なくなります。

速読というのは、雑本と良書を仕分けるためのチェックのようなものです。

まず速読で、全体の二〜三ページでも役に立つ部分を探す。この作業をやらないといけない。

——佐藤さんは速読の際、一冊、どのくらいの時間をかけているんですか？

普通の速読は三十分。但《ただ》し、その分野について通暁《つうぎょう》していることが条件ですけれど。

——三十分で！　速い、超速い‼

それくらいの時間で読んで、重要なページをどんどん折っていきます。

さらに、超速読というのがあります。

――超速読？

やってみましょうか。いま、本ありますか？

――こういう展開になるとは思ってもみなかったので、いま私が読んでいて、読み終わりそうなハードカバーの小説しか鞄《かばん》にはないのですが……。

それでも構いませんよ。では、超速読をやってみせましょう。

――じゃ、計ります。よーい、はじめ！

ここで、佐藤氏は、三百ページ弱の小説の超速読を開始した。すると、佐藤氏の呼吸のリズムが一定になった。これは以前、私と一緒にスパイ映画を観《み》た時に、佐藤氏が全シーンを覚えてしまった時と同じ独特の呼吸法だった。

ページを次々とめくり読み取っていく様は、さながら、目でページを写し取っているかのように見えた。

はい、読了。何分たった？

——二分五十秒です。

だいたいこの時間で、物語の大筋、テーマは、わかりました。

これは、失恋、恋愛のお話で、料理が一話一話に登場して物語にスパイスを利かせていますね。物語の舞台は杉並、世田谷近辺。登場人物が、それぞれのお話でリンクしている連作短篇小説です。

（以下、佐藤氏その超速読した本の内容を説明する）

……と、まあ、こんな情報がつかめました。

——す、すごい。全部、当たっています。

たまたま、やってみせた本が、小説でしたが、ビジネス書なども同じです。超速読は、一ページ残らず、すべてページをめくることが大切です。

そして、読んではいけません。

目に飛び込んでくるものを脳裏に焼きつける。

それで、自分のいま関心のあることは何か？　使える情報か？　などを考えて、使えそうなところをどんどん拾っていくのです。

キーワードに引っかからない情報は捨てるのです。

超速読は、今夜の献立を何にするか決めないで、スーパーで買い物している状態に似ていますね。

何を作ろうかなと、いろいろな食材を見てまわっているのと同じ作業なんですね。

そのフィルターを通したあとに、精読するか、速読するか、捨てるか、選択します。

速読は、極端なことを言うと、本を破いてしまうぐらいの感覚で、引用箇所を見つけるための読み方。精読は、かっちり読むことになります。

——仕分けした本を精読するとき、気をつけることはありますか。

自分の精読力を知ることです。精読には知識プラス集中力が必要です。

月に十冊、精読できれば、それでいい。

自分の冊数を知る。

月に一冊すら精読できないのならば、書籍から情報を得ることは諦《あきら》めたほうがいいでしょう。

——読むべき本の選び方、読み方がわかりました。

では、そこから得た知識、情報を自分のモノとして活用、アウトプットしていくためには、どうしたらいいのでしょうか？

精読した本の中で、これは凄いなと思ったら、ノートに書き写すことです。

そして、しばらく、時間を置く。これは発酵させると言い換えてもいいでしょう。

この作業は絶対に必要です。

だから、私の場合、精読する時は、頭脳とノートとが完全に一体化している。

仮にノートでなくとも、ワープロでもいい。コピーを取ってノートに切って貼《は》るのでも何でもいいでしょう。

肝心なことは、これが一番、覚えられるという方法で行なうことです。

この段階での目的は、内容を覚えることです。

私の場合は、ボールペンで重要箇所、要点をノートにまとめると最終的に覚えられます。

精読は、ノートと一体です。少し前に、『○○のノートはかならず美しい』みたいな、ノート系の本が話題になりましたが、ノートが綺麗《きれい》かどうかは重要ではありません。

そもそもノートというのは、他人に見せるために作っているわけではないはずです。

自分で覚えるためでしょう？

だから、人に見せられる綺麗なノートを書いている人は、公務員、司法試験受験用本型の知識を持っている人です。問いがあって、正解がある世界には強いです。しかし、実際のビジネスシーンは、何が正解か、わからない。また、答えが複数あることもあるのではないでしょうか。答えが一つという、A→Bという思考回路の人は……。

――ビジネス・パーソンとしては、あまりお役に立たない方々ですね？

そうそう、「お役に立たない」です。自分に不必要なこと、覚えていること、知っていることは書かなくていいのです。

だから、自分のノートは汚くても構わないのです。

――先ほどの、発酵させるということをもう少し詳しく教えてください。

発酵させる。時間を置く。そうすることで、記憶に定着させます。

私の経験則から言えば、取り込む時間は、早くて三カ月、長いと半年。それで初めて、得た知識、情報が自分のものになります。

この取り込む時間を正確に知るには、語学を四～五言語ぐらいやってみるのがお薦めです。

自分の記憶力がどのくらいの復元力があるかを見るには、未知の語学がいいです。

一つの言語を記憶に定着させるのにどのくらいかかるか、これを試みれば、発酵させるまでの時間がわかるはずです。

――外国語が自分のものになる時間で計るんですね。

もし、語学にトライするのでしたら、基本的なマニュアルとしては、白水社の語学書『ニューエクスプレス』シリーズが、完璧《かんぺき》にできています。

――未知の語学がお薦めとのことでしたが、アルバニア語なんてどうですか？

言語として、難しくないけど、よい教材がありません。

――そうか！　本があっての、自分の能力を測る作業ですもんね。

おっと、もっと根本的な力の一つがあるのを忘れていました。

――なんですか？

机の前に集中して、どのくらい取り組めるか、机の前に集中して向かう訓練ができていないと、本は読めないでしょ？　それが、実は、一番、重要な才能かもしれませんけれど。

※本講義で超速読した小説は『くまちゃん』角田光代著（新潮社）です。

講義 6

インテリジェンス的情報収集術

―新聞と嘘―

相手との話題をつくる『引き出しづくり』は、どうすればいいのだろうか？

その第一歩が、前回の講義にもあったように、本を読むことであった。

その次に来るのは、新聞、と佐藤さんは答えた。

それでは、今回の講義、インテリジェンス的情報収集術――新聞と嘘《うそ》――について、佐藤さんのお話をうかがうことにしよう。


――情報収集の一環として、新聞の購読方法を教えてください。

買うということが前提なわけですね。東京で生活しているのなら、朝日と産経です。

――出ました、左と右の両翼！

そうです。両極をおさえておくことが重要です。それから、英語ができるのならば、ヘラルド・トリビューン紙をお薦めします。

――数多くの英字新聞があるのに、あえてそれを選ぶ理由はなぜですか？

ヘラルド・トリビューン紙は、東京でつくっているにもかかわらず、扱っているニュースが違うのです。たとえば、日本中で、あざらしのタマちゃんを扱っている時に、ヘラルド・トリビューン紙にはタマちゃんの記事はほとんど出てきません。ニュース・ソースの選択が国際基準だからです。たとえば、小泉元首相が、二回目に北朝鮮の平壌《ピョンヤン》に行った翌日、日本の全紙朝刊では金正日《キム・ジョンイル》と小泉元首相の握手の写真が、一面トップ（ただし産経は二面）でした。

しかし、ヘラルド紙は、その日のトップが、朝鮮半島の南北の慰安婦が抱き合っている姿の写真でした。ということは、先ほど、ヘラルド紙のニュースは、国際基準と申しましたが、国際基準から言えば、金正日と小泉さんの握手よりも、慰安婦が抱き合っている姿のほうがニュースなのです。

――世界が、何を注目しているか、一目瞭然《いちもくりようぜん》なんですね。

ヘラルド紙は築地の朝日新聞社の中に支局があります。ニューヨーク・タイムズの国際版のようなものです。決して部数は多くないけど、世界のニュースの土台をつくっている新聞です。

たとえ、英語が読めなくても、写真を見るだけでも、世界で何が起こっているかわかります。この情報は、ネットじゃ、わかりません。新聞は、紙で取って、読まないとダメです。

——ネットは、チェックしないでいいですか？

まず、ネット上の情報は基本的に紙に書かれている情報がもとです。

誰かが、紙に書いた情報を、別の誰かが打ち込んで、それにコメントを付けて付加価値をつけていることになっています。

しかし、その付加価値がついたように思える情報は、実態的には、何の価値もないモノが多い。

——無価値なら、ネットは、見なくていいですね。

いや、そうでもないんです。『炎上』という形で、世間が興奮した現象化の部分には意味があります。

——あの、『ブログ炎上』と呼ばれる、書き込みが殺到して、大変な騒ぎになる現象ですね。

いま、こういうのが、人を刺激するのか？

いま、どんなことをすれば、人は興奮するか？

この二点がわかります。

それが、世間の人々の注目を集め、人々を興奮させるのならば、そこにお金をかければ、商売として成立します。

——いま、何が人々の関心を惹《ひ》くのかが、『ブログ炎上』でわかるのですね。

だから、ネットは見ないよりは、見たほうがいいです。炎上するのは、大衆の感情を刺激する何かがあったということの証《あかし》です。そのことで、いまの日本人はこんなことで、刺激されるんだ、ということが明確にわかります。

——まあ、炎上の多くが、『こいつだけは許さない』的な『全国民＝遠山の金さん＋暴れん坊将軍』になっています。ネットの情報チェックのポイントがわかりました。

そう言えば、佐藤さん、辺境の地の新聞を読めとおっしゃっていませんでしたか？北海道新聞と、琉球新報、もしくは、沖縄タイムスなんか読むといいですよ。

——なぜ、日本の北と南の新聞なんですか？

情報の扱い方がまったく、違うのです。それ以外の新聞は、いまでは、情報空間が一緒になっています。朝日と産経では、主張は違っているけど、扱っているテーマは一緒ですからね。

ところが、沖縄の新聞は、普天間《ふてんま》基地の問題がスッと出ているし、その深くて長い追跡記事もきちんと出ている。北海道は、隣国のロシアの話が詳しい。環境や魚の話が多い。旭山動物園の話がたくさん出てきますしね（笑）。

——ヘラルド紙は国際基準を知るために読む。北海道と沖縄の新聞は、国内の情報空間の境目を知る。

その通りです。

新聞の読み方で差が出る

――講読すべき新聞は、わかりましたが、どう読むといいですか？　具体的な、新聞の読み方ってあるんでしょうか？　一面から順番に最後までですか？

それは、やはり、個人差もあり癖もあるでしょう。私は、一面、総合面、国際面を基本的に読んで、あとは社説ですね。社会面はほとんど見ないです。

――社会面はあまり読まないんですね。意外です。

佐藤さんの『交渉術』の二一二ページの森喜朗元首相と新幹線で同じ車両に乗ったときのお話の記述ですが、おもしろいですね。そこに書いてある内容の本筋よりも、森元首相が、一心不乱にボールペンを片手に新聞を読んでいて、気になる部分をビリッと破っては、書類袋に入れる、というエピソードのほうに興味を持ってしまいました。この森元首相の新聞の読み方に、へぇーっと関心を持ちました。政治家で日本のトップになるような人たちは、そうやって、新聞読むのかと……。

それはね。その場において、いまできる範囲でやるってことなんですよ。

――できる範囲とは？

あの人たちはね、できないことはやらない。

学者さんは、大量にいろいろな文献のコピーを取って、ダンボールにいっぱいにしてしまう。

ところが、いざ、論文を書き始めると、時間がなくなって、資料に取ったそのコピーをほとんど読めず、論文作成に生かせないということがよくあります。

政治家は、結果が出ないと、意味がないと思っています。

だから、見てくれが悪くても、ちぎって、書類袋に入れておくのです。

森元首相が、ボールペンで枠を囲った時は、必ず読んでいます。

ビジネス・パーソンがよく失敗するのですが、とりあえず切り抜いてあとで読むということは、ほとんど実行されません。

それから、ちぎった記事は、読んだ順に袋に入れるけど、そこから、取り出し再読することは、まずないんです。

——えっ、ないんですか？

あの袋に入っているのは、『破いた』という行為をやることによって、頭の中にインデックス（索引）をつけて、記憶として定着させているわけです。

その記事の内容自体を記憶するのはとても大変です。しかし、あの時、新幹線の中で、車窓からは、あの景色を見ながら破いた、という行為自体が印象に残り、頭の中に索引ができていくのです。もしその記事のことを詳しく知る必要が生じた時点で、その袋から取り出せばいい。

記憶のポイントは、索引をつけるか、細かく覚えるか、あるいは、捨てるか、この三つの選択肢があるのです。この記事は、仙台に行くあの時に破いた記憶がある。これは広島に行くときだった。こうすると、時系列と非常に絡みやすくなって、情報にインデックスをつけやすくなるのです。書斎の中で破いても変化がない。移動とか、変化のある時にやると、思い出すのが楽だという経験則からの癖のようなものでしょう。

情報のカードは揃った！　さあ、有効にカードを繰り出そう！

——相手の懐に飛び込む「話題の引き出しづくり」については、前回の読書術と、新聞の読み方、ネット活用法で随分と知識がつきました。

するとは次には、それをもとに、自分の出すカードをつくり、そして相手に対して、そのカードをどう出していくのが効果的なんでしょうか？

まず、初対面だったら、相手は何の分野が得意なのか、好きなのか？　それを探るカードを出します。すなわち、話題の土俵をどこにするかを決めるわけです。

——相手との対戦場所の設定ですね。

だから、その探りで出したカードに、どのくらい、相手が食いつくかによって土俵が決まる。

――では、そこで、一気に勝負でありますか？

そうでもないんですよ（笑）。逆に相手がそのカードにものすごく食いつきがよすぎる場合は要注意です。これは、相手がそのジャンルを知り過ぎているということです。そんな土俵で喧嘩《けんか》したら逆にこちらが負けるから、その土俵からトンズラすることです。

――探りのカードを出して、相手の乗りがよすぎる場合は要注意と。

そうです。相手とこっちが、利害相反関係にある場合、喧嘩だってことになったら、こっちの弱いカードは絶対に見せないことです。

最強のカードより一つランク下の強いカードを見せます。それで、極力、こっちの土俵に引きずり込むべきです。

――外交交渉の最前線の会話は、ガチンコ格闘技の様相を呈していますね。

こちらの土俵に引きずり込んだら、いろいろな駆け引きができるようになります。本当は最強のカード（切り札）を背後に持っているけど、あえて、一つランク下のカードを出して、引きずり込む。相手のどこが強いか弱いかを探り出し、次に勝負をかけます。

しかし、お互いに協力して、助け合うような協力関係が成立する場合は違います。この場合は、こちらの強いカードを出して、向こうの強いカードも見せてもらい、ウィン＝ウィンの関係構築に努めます。

そして、次に対話で大切なのは、「問題」と、「問題の場」を混同しないことです。

——問題と、問題の場？？？

「不況」が問題の場ならば、問題は、デフレ対策で不況を克服することができるか？　となります。

——うーん、ちょっと難しくなってきました。

「問題」と「問題の場」を混同してはいけません。

不況というのは問題の場です。これに対して、問題は、必ず答えなくてはならない形の疑問形にしなくてはなりません。不況を金融政策で解決できるのか？　それとも政府の財政投融資が必要とされるのか？　ただ「不況が問題だ」と言って、問題の場をうろうろしていても時間を無駄にするだけです。具体的な処方箋《しょほうせん》につながる質問を出さなくてはなりません。

会話の中での高度なカードゲーム

交渉事などでは、自分の立場は明らかにできない。判断しながら、徐々に決めていく状況がありますね。この場合は、相手の動きとの相互作用になります。

——事前に用意した手持ちのカードを出すと、自分の情報を相手に与えることになる。でもそれは、やりたくない。ならば、その場でカードをつくる必要が出てきますね。あの講義1に出てきた、『犀《さい》と言わずに象のように思わせる話』という高等会話術の世界ですね。

事実のみを伝えて、真実は相手に誤認させるっていうアレですね。

——あのお話、もう少しわかりやすく、ご教示ください。

グーはチョキより強い。

パーはグーよりも強い。

――事実です。嘘はついていません。

この状況でしたら、ジャンケンを知らない相手は、何を出そうとするでしょうか?

――そりゃ、当然、最強のパーを出しますよ。

こちらは? つまり、あなたは?

――チョキです。

おっと、忘れていた、実は、チョキはパーより、強いんだって。

――きったねぇー(笑)。でも、嘘、ついてなーい(笑)。ずるいなー(笑)。

おっと、忘れていた(笑)。

このゲームはこういうルールになっていた、というやり方です。実社会でも結構こういうケースは多いのではないでしょうか。

こんなやり方もあります。

たとえば、賭博場に行って、ルーレットで遊びたいんだけど、よく知らないし、絶対に損はしたくないという奴がいたとします。そうした奴に、ディーラーがこうアドバイスします。チップが百枚あるなら、赤と黒に五十枚ずつ賭ければいいんだ、とね。

――おー、ルーレットは赤と黒。半々ならどちらかが当たりますもんね。

しかし、00に入って、ディーラーに総取りされた。おっと、忘れていた、0と00は親が総取りなんですよって。

――ルールに反してない。嘘をついてませんもん。

嘘はついていないが、汚いやり方です。世の中にはこういうことがよくあります。

――でも、文句は言えない。

文句は言えないんですよね。もっと怖いやり方もあります。

――どんなのですか?

入場無料、出口有料。

――もう、ぼったくりバーの世界に入ってきました!

モロッコなどに行くとありますよ。入場無料のお土産屋さんなんだけど、買わないと出してくれない。または、最低限コーヒー一杯飲んで百円くらい払わないと扉が開かないなんてお店がざらにあります。

——「おじさぁーん、飲み放題で、一時間三千円よぉー」を信じて入店。ところが、「あたしも飲んでいぃー？」と飲むオレンジジュースが、十万円の世界であります。

繁華街だけじゃない、住宅街にもあります。

——マジっすか？

「竹やー、竿《さお》だけー、二本で八百円、三十年前の値段」。それで、二本、買うでしょ。でも二万円なんです。

——えっ、何で？

三十年前の値段を言っていただけ。

——あっ、いまの値段、言っているわけではないんだ。単に三十年前の値段を言っていただけなんだ。お客さんには嘘をついていない。

そう。三十年前の値段という事実を言っている。ところが、買いに行った人、呼び止めた人は、そこを切り出せない。

では、結構ですと言えば、買わないでいいんだけど、切り出せない奴が多いから、商売になっているのです。

——これで、もう、一冊の本の企画決まりましたね。

『なぜ、さおだけ屋は、三十年前の値段で潰れないのか』

でも、薄い本だな、きっと(笑)。

——言いたくないことまでちゃんと書いてあるけど、字がものすごく小さいという悪魔のような契約書と同じですね。

完全情報がないという形をとって、事実のみ伝えられて、真実を誤認させられて、うまくしてやられてしまっているというようなことは、我々の社会生活の中に、とても多いわけです。

——気をつけます。

講義

7

ローンとホノラールと貨幣の品格

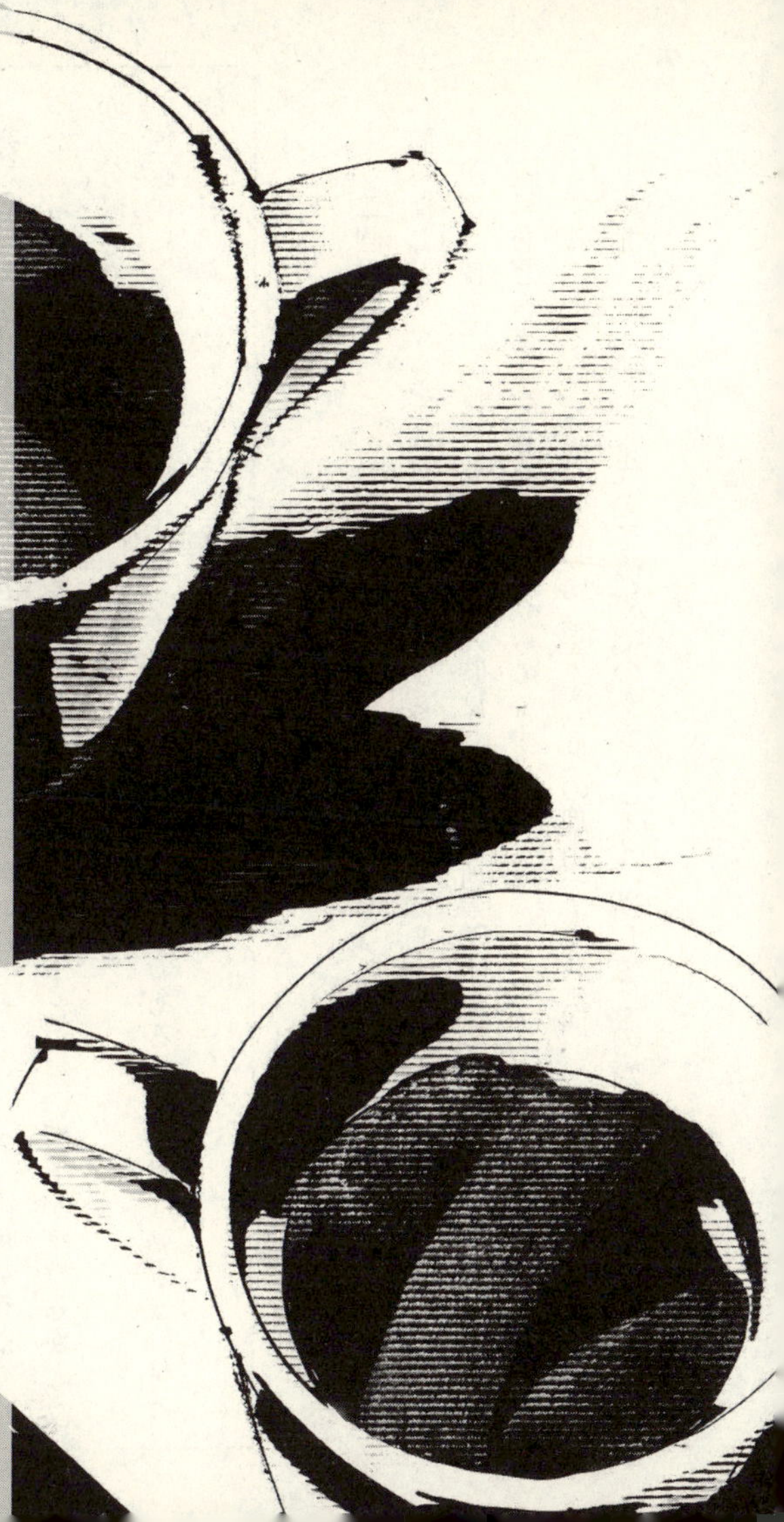

初対面で関係性を構築した相手との、二回目のランチのセッティング。初回がうまくいったからといって、安心はできない。この二回目こそ、相手との長い関係が築けるかどうかの分岐点なのである。

佐藤氏によるその手法は、『ローン』と『ホノラール』である。誤解のないように付け加えるが、家のローンとは違う。お間違えなきよう。


――二回目のランチには、どう相手を誘えばいいでしょうか?

簡単なことです。一回目の時に相手から何かを借りてしまうことです。

私がよく使ったのは、要人と会った時に、その場所が要人の執務室だった場合、そこにある資料などを借りてしまうというものです。

そうすることで、「今度、返しに来ます」との理由でもう一回、会う機会ができる。

――おお、一九七〇年代の予備校でのナンパテクに通じるものがありますね。わざと授業を休み、目星をつけたかわいい娘《こ》のノートを借りる。そして、返すからと予備校以外で会う、というテクニックに似ています。

諜報員も同じようなものといえますね(笑)。

要人と接触せざるを得ない状況を作り出し、二回、接触するように仕向けてしまう。

大切なのは、貸し借りの関係です。

逆に、その相手ともう接触したくない場合は、「その資料は差し上げます」と言ってしまえばいいのです。

自分が、借り手で、そう言われた場合は、「あっ、この人は……」と何らかの判断を相手(貸し手)から下されたことになりますね。

相手から見た自分への、一つのわかりやすい判断基準となり得るでしょう。

——予備校のナンパの話レベルでは、「貸してくれない」＝「振られた」ということでした。

だからね、相手から有益な情報なり、何なりを取るために与える。そこには、計算ずくの陰徳が必要となってくるのです。

――『陰徳』ってなんですか？

少し、遠回りで長くなりますが、説明しましょう。

――おっ、お願いします。

『婚活』から話を始めましょう。

――婚活って、妙齢の女性たちが結婚相手を探す活動の、婚活ですか？

そうです。はっきり申し上げて、あれは間違っています。

なぜか？

現在の婚活は、就職活動の就活を結婚に転用しようとしています。もしくは、既にしています。

就職活動は、自己実現に向けてお金を稼ぐための場所を探す活動です。

婚活の目的は結婚です。

――あれっ？　結婚は、お金を稼ぐ場所じゃないですよね？

そうです。だから、婚活は、新自由主義の経済合理性の発想を結婚にまで持ちこもうとしているのです。

——？？？　お金を稼ぐ場所じゃないところに、経済合理性の発想が入ってくると、どうなっちゃうんでしょうか？

結局、すべてを数値化してしまうようになります。そして、婚活で言うなら、できるだけ点数の高い男を捕まえるということになります。

——他人に自慢できる、他よりも顔も身体も良くて、お金持ちの男ですね。

それらはすべて数値に換算可能です。そして、それらは、換金できるのです。

——それって、結婚相手の男性は、キャバクラの女性たちと変わりないじゃないですか。

まったく一緒、婚活は、結婚のキャバクラ化と言ってもいいのです。

——キャバクラと同じで、一瞬の快楽を求めるのならば、その結婚に永続性はないんじゃないですか？

永続しない可能性が高いです。結婚は経済合理性と違う論理に基づくはずのものですから。

——なんか、悲しいですね。

では、なぜ、婚活というビジネスが、成り立っているかというと、それは女性の側の問題です。女性が主導で動いているからです。男性がキャバクラ嬢になっていると考えるとわかりやすいかもしれません。

——えっ！

キャバクラのルールは、お金を多く払えば払うほどモテる。変な癖や、殴り癖があるというのは、勘弁してください、となりますが、そうではない限りにおいて、お金を多く払う人がモテる。

イケてないけどお金をたくさん出す男性客と、イケてるけれどお金のない男性客、どちらがキャバクラでモテますか？

——それはイケてないけどお金をたくさん出す男性客です。

こんなことはヨーロッパでは絶対にない。男女の財布がそれぞれ独立していますから。財布を男女一緒にするという思想がない。

最初から、経済的な理由で結婚するという思想が薄いのです。

——それじゃ、婚活の結果生じた結婚は永続性がないじゃないですか。

すると、その後は、どうなるんですか？

だから、やがて来るのは、離活です。離婚調停活動です。

——そうか、離婚か!!

これが、さらにこれから、大きなビジネスとなるでしょうね。婚活が増えれば増えるほど、離活コンサルタントのビジネスが増えていくでしょう。日本は世界でも珍しいほど、女性の親権が強いのです。だから、男性に子供を何回、会わせるかという条件面などを考慮した、離活が始まるでしょう。これは結婚する二人以外の人間が儲《もう》かるシステムが構築されようとしているということです。

結婚、離婚というものにまで、資本主義が入ってきているのです。

――防衛は可能でしょうか？

防ぐことはできない流れです。しかし、自分の考え方をきちんとすれば問題ありません。束《つか》の間の時間をそれに見合ったコストで楽しむキャバクラと、人生における一大事、一生のことである結婚は別物である、男性をキャバクラ嬢化した婚活でまともな結婚ができると勘違いしてはいけない、ということです。

――「人たらしの流儀」にどう、つながりますか？

人たらしで重要なことは、「人たらし」そのものに、人間の天邪鬼性《あまのじゃく》があるわけです。貨幣価値以外で、どういった貸し借りを相手とつくれるかということです。

――貨幣価値以外の関係……友情とか親愛ですか？

ドイツ語だとはっきりする。Lohn《ローン》とHonorar《ホノラール》。

――家のローン？

英語だと、Wage《ウエイジ》 と Guarantee《ギャランティー》。Wage（Lohn）は、賃金。賃金は英語ではレイバーに対応します。それに対して、Guarantee（Honorar）は、ワークに対応しています。

レイバーは代替可能です。ワークは、代替不可能です。

――ますます、わからなくなってきました。混乱しそうです。

わかりました(笑)。

二時間、部屋を掃除してくれた人がいます。その人に対する掃除のコストは時給八百円とすると、千六百円の賃金を払うことになりますね。

――そうです。

では、大学の先生が講師として来て、二時間、「フェルマーの最終定理」について、講義、解説してくれました。この場合は、賃金ではなくて、謝礼となります。謝礼というのは、お金で払えないのだけれども、謝意をあえて、お金で払っている。だから、それには決まった価格がない。

恋愛でもお金のやり取りはあるでしょう。だけど、対価性はそこにありません。愛情には、値札は付いていません。

――日本人ならば、「これ、気持ちですから」と言って、寸志をわたす……。

そうそう、その気持ちのことです。気持ちは形にならないと気持ちにならない。年収二百五十万円の佐藤さんが出す一万円と、年収二億五千万円の小峯さんの出す一万円は違うわけです。同じ気持ちとはなりえません。どこで、どういう金を使うか……、貨幣にも品格があるということを考えなければいけません。

貨幣というのは人と人の関係から出て、その実は、人の力関係、パワーバランスから生まれてくるのです。

――婚活、キャバクラ、そこに介在する貨幣。その貨幣の流れは、人と人とのパワーバランスの上に成り立っている。人たらしの流儀の世界につながってきた感じがします。

百万円の現金をポンとわたすより、「気持ちです」と言って数千円包んでわたして、相手の気持ちを動かせる力、すなわち「陰徳の力」を養うことが重要になってくるのです。それができる人間になれるかどうか、がより問われてくるのです。

――貨幣の品格を考えなければ、卑しい人間に成り下がるわけですね。

人間関係構築は最初の三カ月がキモ！

人間というのは、よほど変な一部官僚を除いてですが、奢《おご》られると奢り返さなければいけないという心理が働く生き物です。

――それは、確かにありますね。

だから、怪しげな健康食品を買わせる時は、まず、最初に相手に粗品をあげる。そして、説明会に連れて行く。すると、その会では、ただで貰《もら》っちゃったものがあるから、何か買わないと申しわけがないって、心理になるのが人間です。

人間は「何か返さないと」と思うから、「貸し」は得につながるわけです。

しかし、「何か返さないと」という思いがあっても、ある額を超えてしまうと、お返しができなくなります。

そうすると、それが、相手との関係で身分が固定してしまいます。

――身分？

上下関係と言い換えればわかりやすいでしょうか。だから、何かを得るためには、いかに与えることができるかが、重要になってくるのです。

――そのさじ加減に必要となってくるのが、『陰徳』なんですね？

そう。それから、相手との時間が大切です。

――今度は時間？

たとえば、相手と三カ月以内に三度会うことですね。三カ月以内に三度会えば、その後、三年間、相手は、あなたのことを覚えているものです。

――なるほど。佐藤流人たらしの流儀とするなら、相手と会った日を初日とすると、三日以内に必ず、連絡のメール、電話、FAX、手紙を入れる。

そして、三カ月以内に必ず二回目のアポを取り付ける。欲を言えば、三カ月以内に三回会いなさい、ということですね。

そうです。相手と接触して、最初は挨拶《あいさつ》。その時に物を借りて、二回目は物を返す。そして、さらに「お世話になりました」と、次回の話をして、三回目につなげるのです。

——そして、その関係が、三年持てば、もう、何とかなるんですね。

ちゃんと、その三年の間に実績を上げることができればね。

——実績？

相手との共存共栄体制をつくり上げるのです。そうすれば、もう永遠の腐れ縁も同然です。だから、裏返すとですね、その人との人脈を切るには、三年以内にうまくやることです。三年以上、関係を引きずると、人間関係を切るのにコストが高くついてしまうので、結局切れなくなります。

女性との関係にも言えることですが、逆に深入りしないようにするためには、三カ月以内に三度以上会うことを避け、必ず、十分な時間を置くことですね。

——それにしても、三日坊主の三日、人のウワサも七十五日の約三カ月、石の上にも三年の三年というように、古くからの格言は正しいのですね。

古くから伝わる格言は、やはり、真理を相当程度、反映していますね。

講義

8

人間として失ってはいけない大切な感覚

今回は、佐藤さんから、「もうちょっとここで、婚活の話をしましょう」と意外な提案があった。

そんなわけで、今回、話は少し横道に逸《そ》れるのだが、最後は、厳しい時代を生き抜く秘訣《けっ》へと……。


――婚活についてとは、意外ですね。

日本の現状について、認識する作業から始めましょう。

――婚活と日本の現状を認識する作業？

日本の端っこを見ると、現状がよくわかると以前習いましたが……。

地方によく行きますが、かなり厳しい経済状況ですね。

シャッター通りなんてもんじゃないです。開いている店はなく、コンビニさえも見つからない。活気のある店があったたって思ったら、大型パチンコ店なんです。定額給付金はすべて、一攫《いっかく》千金を狙った人たちがここで使って、消えていったのではないでしょうか。

――そんな日本の現状をどうしたら、いいのですか?

松下幸之助さんのような哲学を持った経営者が出ないとダメですね。

松下さんは社会的に再配分するという発想がありました。

そして、松下政経塾をつくって、将来の志のある若者のために私財を投げ打ちました。

――松下幸之助さんみたいな方は、そうそう、出ませんよ。

志ある若者は、婚活にいそしんでいますから。

この前、その現場にたまたま、遭遇したんです。

私には、あれ、きれいに着飾った女性たちが、男性を値踏みしている場のように見えたのですが、私が見た婚活の場がたまたまそうだったのでしょうか?

儀式化した、女性のある種、自己確認の場になっているのでしょうね。

――女性の自己確認の場ですか?

婚活に行く女性は、他の女性と比べて自分自身に何らかの価値があるんだということを、その場で確認しているんですよ。

――あっ、でも、それって、女性同士で十分できることですよね。その場に、男性、いらないじゃないですか。男性は、彼女らのバロメーター役ですか？

そうなりますね。

――男性は、怒らないんですかね？　草食系男子だから、怒らないのかな？

でも、草食系男子は前から言っているように怖いですよ。いざとなれば、歩留《ぶど》まりを知らないから暴発します。

婚活女子を理解するには、中村うさぎ先生を読めばいいと思います。

――どれがお薦めですか？

そうですね。『セックス放浪記』とか、『女という病』、また、少し前の『壊れたおねえさんは、好きですか？』などお薦めです。

これらを読めば、自己確認の旅をしている女性がどういうものかわかります。パートナーを見つけるためではなく、自分の価値を確認するために行動していることがよくわかります。

それは、売る気はないのに質屋に自分の高級ブランド品を持って行って、鑑定してもらい、価値を再確認して楽しんでいるということと同じだとわかるはずです。

――なるほど。『自分自身自慢鑑定団』となっているわけですね。婚活合コン行って、一人の女性が数人の男に言い寄られると、その彼女は「私、やっぱりいい女なのね」と満足して帰っていく。

これは、ますます男性には意味のない場ではないですか？

そうなります。その女性たちはお金がないから婚活合コンに行きます。お金があれば、ホストクラブに行っています。婚活は自己確認の場です。

自分自身で自分の価値を量れない。これは、資本主義の特徴なのです。『資本論』を読めばわかりますが、交換過程で、初めて、値段がつくのですから。一極における富の集積は、もう一極で、貧困の集積となります。

ところで、この婚活で、誰が儲かっているか考えたことありますか？

――その婚活の場を仕切っている仲介業者のような人々でしょうか。

そうなんです。手配師と一緒でしょ。でもこの婚活ビジネス、世の中のために役立っていると言えますか？　例外はあるかもしれませんが、女性は自己確認のために、男性はそうとは知らずに参加する。そうしたビジネスで儲けることは、本来人間がやるべき仕事とは思えません。

人間で大切なことは、そうした感覚を失わずにいることです。しかし、そうしたビジネスが成立する事実が、現実にはあります。背景には晩婚化、少子化といった社会的要因があるのです。その社会的要因の根っこは、みんな先行きが不安だ、という思いがあるからなんです。

――私も不安です。

不安になると、先の婚活の女性のように、周囲に判断基準を求めますが、こんな時こそ、自分の中にしっかりとした判断基準を持つことです。それが、厳しい時代を生き残る秘訣です。

講義

9

聞き上手になる

ビジネスにおいて、商談において二回目のランチをセッティングすることに成功した。こちらから、話題を提供するための、話題の引き出しのストックも整った。が、まだ、不安がある。

商談相手が返してくる言葉に、どう対応すればいいのだろうか。

「聞き上手」「質問上手」になるには、どうすればいいのだろうか。

有能な諜報員《ちょうほういん》は聞き上手!?

――『聞き上手』になるには、どうすればいいでしょうか?

まず、相手のことをよく知っておくことが前提になるでしょうね。そして、その相手が話したい話題になり、話し始めたら、「その通りですね」と相づちを打つことが大切です。

相手が謙遜《けんそん》している時、または、相手が心の奥底では否定してほしいところでは、「そうじゃないでしょ」と否定してあげるのです。もう少し具体的な会話例で、説明すると、

「私、そんな美人じゃないですよー」

「何をおっしゃいますか、とてもお綺麗《きれい》ですよ」

と否定してあげる。

また、

「いやあ、もう歳だから」

に対しては、

「そんなことないですよ」

とか、

「そうは、見えませんよ」

とすかさず言うのです。

そんな時に仮に、

「そうですね」

と肯定するような相づちを打ったらどうでしょうか。

——その時点で会話は終わりじゃないですか！

『それでは時間です』と、ひと言でその会談は終了しかねません。けれど、相づちを打つべきところで打ち、否定するべきところは否定する。ただしこれは、その目の前の相手について、熟知していないとそう簡単にできることではありません。

——相手がどういう背景を持ち、どんな好みなのかまで詳細に調べていないと、聞き上手になれないわけですね。また、難しくなってきました。

もっと簡単に聞き上手になれる方法はないのですか？

簡単な方法は、相手の言っていることを、適時に反復することです。そうすると、実際には、そのやり取りにおいて、何ら新しい情報をこちらから、提供していないのに、会話は成立し、流れていきます。

——反復の良い具体例はありますか？

オウム返しの技です。この方法を一番巧《うま》く使った手本は、ドストエフスキーの『カラマーゾフの兄弟』です。「大審問官」のところで、アリョーシャが、イワンと話をする。アリョーシャはイワンの話すことと同じことを、オウム返しに言っています。それ以外、実は何もしていない。しかし、あれだけの長編小説の中で一番、重要な部分を成しています。優れた小説家ドストエフスキーから、オウム返しの技を学ぶことは、反復の学習になるでしょう。ここでは紹介するだけにします。

――『カラマーゾフの兄弟』ですね。早速読んでみます。

さて、会話の流れの中で、有効な質問をする。この質問力は、どうすれば身につくものでしょうか？

まず、質問とは何かといったら、混沌としているものから物事を分けていくことなのですよ。

――あっ、そうなんだ！

質問をすることで、混沌の中から形となって切り取られ、表れてくるのです。だから、質問は、会話の道具として重要なのです。

質問をハンマーとすると、バラバラに置かれた混沌とした状態の材木から、犬小屋という一つの形を作り出すための道具なのです。質問は混沌としているものから、はっきりと形あるものを作り上げていく道具なのです。

――質問は便利ですけど、使うには、その人の力量が問われそうですね。

質問力は、その質問に関することをどのくらい理解しているかが問題となってきます。理解していること以上の質問はできないのです。

――だから、この「質問の質」で、相手のレベルも推し量れるのではないでしょうか？

その通り。

――鋭い質問を相手に発すると、相手が、「こいつは、できるなぁー」と思う。自分の売り込みに使えると思いますが、どうですか？

まさにその通り。使えます。質問力のレベルは、別の角度から見ますと数学の世界になります。

――ドストエフスキーの次は数学ですか!?

数学者の一番優れているところは、問題さえ設定できれば、解答はほぼ、できたも同然になるというところです。数学者は結論が見えるから、問題設定もできるのです。あとは、その間をどうやってつなげていくかということです。

理系が積み重ね方式の学問だっていう発想はやめるべきなんだよね。理系は、実は直感で成り立っているものなのではないでしょうか？

――私は、東海大学工学部航空宇宙学科卒なんですが、直感だけで卒業できたような感じがします。

そうでしょ(笑)。工学部の実験は、結果が大体こうなんだろうなと決めちゃうでしょ？

――決めます。

それで、やってみて、ダメならば別の方法でやって、どんどんと修正していく。研究・技術者は、綿密な論理構成によって新製品開発をしているわけではないでしょ？

――どこかで、ポーンと飛んで、新しい発明に至っていますね。そして、新製品ができています。そのポーンと飛ぶところは、自分の直感が頼りですね。

発明家たちの発想だよね。だから、良い質問を持つためには、常識力と非常識力がいるわけ。

――今度は「常識力」に「非常識力」!?

それが、飛翔《ひしょう》する力を与えます。

「犬は東を向いています。尻尾《しっぽ》はどっちを向いているでしょう?」というような、しょうもない質問をするのはダメですね。受験勉強をやり過ぎると、上記の質問に対して正確に、「西です」と答える訓練だけを受けることになりますから、逆にいい質問が出てこなくなります。

――常識力がつき過ぎて、非常識力がなくなる。すると、おもしろみに欠けた人間となりますね。

それから、楕円がわからなくなる。

――楕円?

いいオウム返しです(笑)。

――どうも(笑)。それで、なんですか、楕円とは?

楕円の軌跡を描くような変な質問、焦点が二つあるような質問ができることはいいことなんだと、私は思います。

真理というのは、必ず、どっかに二つ、焦点があるものです。

それは矛盾していない。楕円を描けるようになれば、これはもう矛盾していないんですよ。

質問する権利を持った人間は物語をつくることができるのです。

――それって、たとえば検事のことですか？

検事もそうだし、先のドストエフスキーといった小説家もそうです。

小説家は常に質問を考えながら、物語をつくっているわけですからね。

――質問の連続が物語をつくると。

その物語づくりで、私はある実験をしています。

――どんな実験ですか？

昔、大ベストセラーになった五味川純平の『人間の條件』という小説があります。

——ありました。映画も大ヒットしました。

この小説のポイントはね、あれだけ長い小説なのに、主人公の梶には、名前がない。名字だけなんです。

それで、名前がなくても、うんと長いものをどうして、不自然じゃなく回せるかというと、軍隊が公的な組織だからという背景があるからなんです。そこには、プライベートな領域がないでしょう？　会社などの組織に属した場合、往々にして、下の名前を知らないってことありませんか？

——そう言えば、名字は知っていても、下の名前は知らない。思い当たります。

会社という世界は公的な世界です。だから、『人間の條件』では、最後まで名前を出さないことによって、軍隊の中の殺伐《さつばつ》とした感じを醸《かも》し出すことに成功したのです。

——小説技法としては、とても高度で難しいことだと思います。

本当に作品が崩れないようにしないと、突き通せない技法です。

たとえば、夫婦の会話の中で相手の名前をひと言も出さないでいいとすると、

「○○さんは何時に、帰ってくるの？」

という「○○さん」のところを『あなた』に言い換えても不自然ではないようにしていかないといけません。

だから、私はいま、そんな形で小説を書けないかと一つ実験しているのです。

——そりゃ、大変そうだなー。どこでその実験小説は読めるのですか？

幻冬舎の『papyrus』に連載している「十五の夏」。一回五十枚なんだけど、私の父や母の名前を最後まで出さないで書こうと思っています。いまのところ、まだ、崩れていません。

——家族？　軍隊や、会社という公的組織ではない、私的な空間のお話の中で、挑戦されているんですか！

それから、キーパーソンの塾の先生の名前を出していません。それでも、作品が回せるか実験しています。

貨幣の怖さはマルクスに学べ

柄谷行人《からたにこうじん》という、私が尊敬している大変頭のいいおじさんがいます。

——その方はどう頭がいいのですか？

理論的には何でも貨幣になる、と言っています。ところが、実態においては金（ゴールド）しか貨幣にならないわけ。バーチャル貨幣は様々な形で造られるけど、何一つ成功していません。最後は実体のあるモノでないとダメなわけです。

インテリジェンス活動は、その貨幣の世界のなかで、貨幣に依存しないで人の心をつかむために、哲学、経済学、文学とか、いろいろな知恵が必要になってくるのです。

最終的に人の心をつかむのは、お金ではありません。

けれども、現実の世界はお金を媒介にしないと、生きていけない世界になっているのです。

だから、人たらしの術《すべ》に必要な他人との交渉術、人脈構築術というのは、お金を使う必要も出てきます。

すなわち、経済合理性と違う論理でお金を使い、人の心をつかむことができるか否かが大切になってきます。

短期的には損をするけど、中長期では得する。いろいろな切り口に分けて、先の仕組みをつくれば、ウィン＝ウィンゲームをつくることができるのです。

その前に、貨幣がなぜ怖いかを理解する。そうしないと、人の心をつかみにいこうとせずに、お金で何とか人をたらし込もうとするようになります。

——なるほど。

そこでマルクスです。

共産主義のマルクスと読み解かず、資本主義はどういうものかということを冷徹に観測したマルクスとして読むのです。

すると、マルクスは貨幣の怖さをよく知っていたことがわかります。

——何が見えてくるのですか？

マルクスは、浪費家でした。エンゲルスという盟友の資本家によくたかっていました。

それは酷《ひど》いもんでした。

マルクスは、ボルドーのワインが大好き、コート・ダジュールで遊ぶのが好きでした。

エンゲルスのパートナーが死んだ時に、

「それはそうとして、銭をもっとよこせ」

と平気で手紙に書いています。

それで、エンゲルスは怒り、

「お前みたいなヤツとは絶交だ！」

と手紙を書いたのです。

もうマルクスは完全にブルジョアです。エンゲルスに宛てた別の手紙で「俺にプロレタリアートのような生活をしろというのか」と文句をつけたこともあります。

それで、マルクスは資本家の立場から見て、この世の中はよくないと言ったのです。

――エンゲルスって、エンゲル係数の偉い人ですよね？

いや、それはドイツの社会統計学者エルンスト・エンゲルで、ここでお話ししているのはフリードリヒ・エンゲルスです。

エンゲルスは、大学に進学したいんだけど、親が厳しくて、「大学に進学したら資本家になれない」と言われて、マンチェスターで工場を継がされます。

そうしたら、儲かって儲かってしようがない。

労働者にきちんと給料は出している。さらに、金はある。

「何で、こんなに儲かるのか？」

と疑問を抱いて、研究を始めたのです。

そして、ついにわかるのです。

「これは労働者を搾取しているからだ」と。

すべての価値は、労働者から出ていることに気がついたのです。

「これはよくない世の中だ。これは共産主義にしないといけない。しかし、共産主義にするには、お金が必要だ」

と、労働者から搾取を続けて、そのお金をマルクスに貢いでいました。

そして、革命運動を行なったのです。

——労働者階級の底辺から、共産主義は生まれたんではなかったのですね。

日々の生活に追われている労働者は、革命を考える余裕もわかるはずもないだろう、というのがマルクスとエンゲルスの立場です。

だから、お金はがっちり持ったうえで、世の中の問題を考える。

そうやって虚心坦懐《きょしんたんかい》に本当のマルクスとエンゲルスのテキストの読み方をしないといけません。

すると、貨幣の問題が見えてきます。

貨幣がなぜ怖いかということがよくわかります。

——その貨幣の怖さがわかったうえで、貨幣経済の中で、人をたらし込むには、お金ではなく、人の心をつかまなければならないことを肝に銘ずる。

そういうことです。

講義 10

相手についている「見えない値札」を見抜く

これまでの佐藤さんの講義で、二回目の会食に向けて、準備万端となった。
さて、その会食、いくらお金をかければいいのだろうか？

人たらし市場の指標は愛人の価格

会食でこちらが支払う場合、いくらかければ失礼にならず、相手も負担に感じないで済むのでしょう。バランスの取れた金額は、いくらぐらいでしょうか？

まず、現時点の、「人たらし市場」全体の価格動向を把握しないといけませんね。

——人たらし市場？　その市場は、どこにあるのですか？

最近、愛人の価格が暴落しています。

——ビジネスの世界の夜の部分に位置する『欲望の人たらし市場』じゃないですか！

愛人の価格は、どうして暴落しているのですか？

いままで、ホステスを愛人として囲うには、ひと月最低百万円、年間千二百万円以上の保証が必要でした。

それが、いま、月三十万円ぐらいになっています。

それも、いままでのように、水揚げして、水商売を辞めさせるのではなく、そのまま、水商売は続けてもらうという形になっています。

さらに、その三十万円の内訳は、ホステスという仕事を続けるために必要なマンションの部屋代と水道・光熱費です。

人たらしの世界は、水商売の世界のお金の流れと、その金額と密接に関係しています。水商売関係で回る愛人への金額が落ちている時は、たらし込む相手への金額も減ってくるという構図になっているのです。

――人に使うお金の相場が、水商売の世界や愛人から垣間見《かいまみ》えるわけですね。

そこで相手との食事代、飲み代、謝礼の額なのですが、これはどうやって規定していけばよいでしょうか？

ある程度、慣れてくると、人間ひとりひとりについている値札が見えるようになります。

——うわっ、なんだかすごい世界ですね。

人に対してお金を多くかければいいというものではないことぐらいは、わかるでしょう。

ここで例題です。

諜報活動で、とあるカフェでアルバイトをしている女子高生を落として、私がターゲットにしているロシア人が、「その日このカフェで、誰と会っていたか、○月×日には何人で来ていたか？　をチェックして、教えてほしい」という仕事を依頼するとします。さて、この子にいくらかければ情報を取れるでしょうか？

まだ、世間を知らない女子高生を、いきなり、数万円の高級フレンチに連れて行ってご馳走《ちそう》すれば協力してくれるかといえば、これは、間違いです。社会通念から極端にかけ離れたことをすると工作は失敗します。

まず、ファストフード店に連れて行って、そのメニューの中で一番高いものをご馳走するのです。

——千円ぐらいで済みますね。

そう、その女子高生には、「千円」でいいという具合に、その千円の値札が見えるようにならなければいけません。仮に高いお金をかけてしまえばそれは、無駄金、というよりも、工作が失敗することになるので、使ってはいけないお金です。

それで、次にどこかへ連れて行く時も、夜の怪しげな場所ではなく、休みの日の日中に、ファミレスとかでランチをするのです。

——デザートなんかつけても千円とちょっとですね。場所は変わりましたが、やはり千円。

そして、最後に謝礼としては、三千円から五千円ですね。そのくらいの額で情報を取るのが、この場合の一番いい相場感覚でしょう。

——なるほど。そうした人間ひとりひとりがぶら提げている「見えない値札」が見えるようにならないと、間違った金額提示をしてしまいますね。

その金額でもう一つ重要なことがあります。

――何ですか?

諜報活動で、情報を得ようとした女性とトラブルになった時です。たとえば、相手を妊娠させてしまったという状況です。

そんな時、お金で解決するとしたら、どれくらいの金額で解決しますか?

――いくらなのですか?

およそ、その女性の年収の二倍です。二年分の給与です。年収が二百五十万円のＯＬならば、五百万円です。

ところが、ここで五十万円しか払わないとすると、確実にトラブルになります。

――婚約指輪は給料の三カ月分という宣伝文句が昔ありましたが、妊娠させて別れるには、相手の給料の二十四カ月分なのですね。

そうです。しかし、これに宗教が絡むとお金では済みません。

――佐藤さんの書籍にありましたね。

イスラム教徒の女性と、イスラム教徒でない男性が体の関係を持って、男は帰国。すると相手の親戚《しんせき》がその男を殺しに来るという……。

それです。お金では解決しない、命が必要となってくるお話です。

この場合は、男の側は、セックスした時点でイスラム教に改宗したと言い張るしかないですね。

これは、まあ、特別なこととしても、冒頭の水商売のお姉さんの場合は、気をつけてくださいね。

彼女らは、男からいくら取れるのか、知っています。プロですから、先に値踏みされ、あなたの値札が見抜かれているケースがほとんどですから(笑)。

いくらなら喜び、いくらで怯《おび》えるのか?

誰と会食するか。高校生、大学生、ＯＬ、ホステス、キャリアウーマンで四十代、五十代などなど。落とし方は全部、違います。

――なるほど。先の女子高生の件《くだり》ですね。その勘定の払い方なのですけど、どうしたら、いいですか？

まあ、どんな相手においても割り勘はやめておいたほうがいいでしょう。相手との関係において、割り勘は、まったく貸し借りがない状況です。下手をすると、『飯に付き合ってやった』と、相手からの貸しにされてしまいかねません。

人間の認識は非対称ですから、割り勘は、半々だというこちら側の理解にならないこともあります。

人は、七対三の支払いで、対等と思う。

こちら側が誘って、七対三ならば、相手とは対等の心理状態という理解になります。

九対一という場合、この場合、相手も払っていますが、相手としては、『ちょっと払ってもらったな』の感覚です。

だから、人を誘ってたらし込むには、原則は奢《おご》ると考えたほうがいい。

奢って、別のタイミングで返してもらうというのがいいと思います。

けれど、奢りすぎは禁物です。

――それはどんな事例ですか？

まともな堅気のOLの場合、ランチに五千円を超えるものを奢ると、肉体関係を求める下心ありと、警戒されかねません。

この場合の正解は、ランチメニューで三千円あたりが警戒されないのではないでしょうか。

すなわち、いくらなら喜び、いくらで怯えるのか？

その額を、相手の値札を見抜き判断するのです。

と同時に、相手のなかに、こうした喜びとか、怯えの表情がない場合は逆に警戒すべきです。

――その奢る際のお金の出所ですが、自腹か、会社の金か、どちらがいいですか？

それは、ケースバイケースです。その使い分けが、ビジネスの重要なカードになります。

——お金の払い方が、ビジネスのカードになるのですか？

そうです。ビジネスでは、基本、会社持ちのほうがいいです。問題は、その払い方です。

たとえば、自分にはこれだけの権限があるのですよ、と思わすには、領収書を取ったり、名刺払いにしたりすればいいでしょう。

逆に、ハッタリで、本当は全部自腹で払わなければならないが、領収書を取って、会社のお金と相手に思わせる方法もあるでしょう。

とくに、いまは、交際費の予算が少なくなっている中で、それを使う権限があるということは、相当、影響力のある人だと思わせることができます。

——その使い分けの基準はどこですか？

相手に、自分のうしろに組織を感じさせたほうがいいか？　それとも、組織を感じさせないほうがいいのか？　それが基準です。

相手に、この人は相当、力がありそうだと思わせたい場合は、組織を感じさせたほうがいいでしょう。

たとえば、こんな演出方法があります。

ホテルのレストランで五万円の食事をし、同じホテルにあるショット・バーに行きました。ウイスキーかカクテルを飲んで、最終の支払いはキャッシュで払い、領収書を取らないようにします。

すると、相手は、こいつは組織からでなく、自腹を切って私と付き合っているなという感じが出ます。

――組織の一員ですが、個人的なつながりを貴方に求めていますよ、のサインになるわけですね？

そうです。でも、日本のビジネスマンに対しては基本的に組織のお金を使っていると見せたほうがいいです。そういうお金を任されている、権限のある人間だと思わせる方が有利です。

但《ただ》し、あまり背伸びはしないことです。

自分の力を実際より大きく見せようと無理しない。無理をすると、最終的に転んでしまって、それまでの仕込みが、全部ダメになり、人間関係も長続きしませんからね。

講義 11

小さな嘘で相手を見抜く

ランチにいくらお金をかければいいのか、その値段の決め方はわかった。

さて、次はテーブルに着いて、その相手の人柄をどう見抜くか？

とっておきの方法を、佐藤さんは教えてくれた。


――相手の人柄を知るには、どうすればいいですか？

ストレートに「あなたは、どんな人ですか？」なんて訊《き》いたりすれば、相手に怪しい人、変なヤツと思われます（笑）。

まず、動物の話をしてみるといいですよ。

――動物ですか？

たとえば、犬の話を振ってみる。それで、動物に対して、憎悪が感じられる、または、小動物を徹底的に苛《いじ》めた話を嬉《うれ》しそうにする。相手が、そんな感じだったら、この人はちょっとヤバイかなって思ったほうがいい。

――「動物はお好きですか？」なんて訊くのも唐突のような気がします。

でしたら、巷《ちまた》で話題になっている犬猫の話を普段からマメに収集しておきましょう。それから、「犬好きですか？　猫好きですか？」と訊きます。

そして、猫が嫌いならば、犬の話で入っていく。これならいかがでしょうか。

――なるほど。犬の話題で、盛り上がったりしますもんね。

相手が、あまり動物に関心がない場合には、子供の話をするといいですね。ここで、動物に続いて、人間の子供の話もダメならば、この相手の人は、極端に利己的な可能性があり、友だちが少ない可能性があります。

――諜報活動の世界でも活用されているのでしょうか？　かけひきの応酬のようなイメージがあります。

そうです。インテリジェンスの世界の人たちは、動物の話が好きなんです。それから、前にも話しましたが、ベストセラーの本の話など、ちょっとした探りに使いますね。『1Q84』。

必ず、読んでおいたほうがいい本でしょう。

社会現象にまでなった大ベストセラーです。

以下は、自分自身が『1Q84』を読んでいることがこの話の前提ですよ。

対話の相手が、「『1Q84』読みましたよ」と言ってきたとします。ならば次は、その小説の事実を少し変えて、内容を訊《たず》ねてみるのです。

相手が、いい加減な説明をして返してきたら、嘘《うそ》つきの傾向があるのかもと、相手を判断する一つの材料になります。

――ひっかけの質問を一つ、忍び込ませるわけですね。

知らないことを、知らないと言うことができるか、どうか、これをチェックするのは重要です。なぜならば、これからともに仕事をしていける相手か、あるいは、プロジェクトを遂行するメンバーになり得るか、しっかり見極めておかないと最後に大怪我《おおけが》をすることになりかねません。

――『1Q84』なら、どんなひっかけ質問を用意しますか？

「主人公の女性が、渋滞の東名高速から自分の足で一般道に下りるのはおかしいですよね、危険ですし」と話題を振ってみる。

相手が、「そうそう」と相づちを打ったら、その人は、嘘をついています。正しくは、首都高です。

もし、相手が、「えっ、首都高でしょ?」と言えば、読んでいて嘘を許せない人だとわかります。

その場合は、質問したこちら側も、その程度ならば、「あ、勘違いしていました」で通ります。

――ずるいなぁ(笑)。でも、人たらしに、ずるさは必要ですよね。

相手とのその後の人間関係のつくり方ですが、これはどうすればいいでしょうか?

実態として、相手と自分との力関係しかないですね。相手の力が圧倒的に上ならば、こちらは、もう奴隷のような関係になってしまう。その場合は、画策して動ける範囲が限られます。

日本の外交官が、各国で比較的人脈をつくれるのは、日本という国家が強いからです。韓国の外交官が同じようなことをしようとしても無理です。それは、韓国の国力が弱いからです。力が弱い国の白人の外交官が、いくら英語を話せても、米国の外交官と同じようにはいかないのが外交です。

――外交官のバックが国家なら、民間人は、会社ですか？

そうなります。

――すると、相手から見くびられないようにする場合、会社が大きければいいですけど、個人レベルでやるには、どうしたら、いいですか？

相手から見くびられないようにするより、相手との関係が長く続くようにするほうに、気を配ったほうがいいでしょう。

――相手を常に持ち上げる、接待モードですか？

そんな感じですが、重要なのは、相手を常に上座に着かせることです。会食の場には常に先に到着し、下座に着きます。接客が行き届いているレストランなどですと、常に上座からサービスしてくれます。常に上座がどこに位置するのか、把握していることが大切です。

——難しくないですか？

簡単です。わからなければ、お店の人に訊けば教えてもらえます。外国では、日本よりその辺りの事情は複雑かもしれませんね。外国の場合は、主人の座る位置によって、上座、下座が変わる場合もあるんです。主人の座る位置の対面が一番偉い場合とか、主人の隣が上座という場合もあります。いずれにせよ、主人がどこに座るかで決まるのですけれど……。

——難しい問題が新たに出てきましたねぇ。お店の人に訊ければいいですけど、もう、相手が来ているとか、お店の前で会ってしまった、なんて場合は？

プロトコールに関する本を一度読めばいいと思います。

——プロトコール？？？　冠婚葬祭事典みたいなものですか？

そうではなくて、日本語に訳すと儀典です。外務省儀典官室に長く勤めていた寺西千代子さんが書いた『国際ビジネスのためのプロトコール』。図解も入っていてわかりやすいですし、お薦めです。

——今回は読むべき本が『1Q84』のBOOK1、2、3と合わせて、四冊もありますね（笑）。

ところで、相手に足元を見られないようにするためには、どうしたら、いいでしょうか？

相手に弱みを見せないことです。

——弱みですかっ？

足元を見られてしまうのは、基本的にお金です。だから、領収書に上乗せさせて、お金をちょろまかしたり、白紙領収書を取ったりとか、そういう下品なことをしない。お金の払い方が、その人の品格を示すと言っても過言ではありません。

次に弱みを握られやすいのが「酒と女」に関する行状です。

普段は、きちんと仕事しているけど、お酒が入ると、女性とのトラブルを起こしてしまう人がいます。

ですから、お金、お酒、女性、この三つは人間関係を構築していく場合、とくに気をつけたほうがいいですよ。

自分より力が下、立場が下という場合は、仕事をするのに必要ならば、相手から自然と寄って来るものです。

付き合い方は考えなくていいけれど、気をつけることは、恨みを買わないことです。誰であれ仕事相手には丁寧に接することが大切です。

実は、一番付き合うのが難しいのは自分と同等の相手です。同等だと会社が違っても、同じでも、ある意味ライバルですからね。

――同等の場合は、相手に貸しをつくる関係が好ましいですよね？

そうですね。相手に貸しをつくっていると、相手に理解させるには、まず、実力で頭一つ、自分が抜きん出ていることが前提です。

客観的に見て「こいつ、俺より下だな」と自分が思っている相手こそが、実際にはイーブンの相手なのです。

——同等の相手より頭二つ、出るのは大変だなあ。

かつて一億総中流なんて言われたように、日本社会の八割は同等でしたよ。この経済状況下で、八割あった層が、六割に、減りつつあります。二割落ちて、全体の三割が下流層に。一割がズドンと飛び抜けて上のほうに移行しつつあります。

——落ちれば、地獄。そこに留《とど》まっても同等との付き合いは、頭二つ抜ける地力がいる。もう、どうしたらいいのでしょうか？

こんな時の人との付き合いの関係では、自分自身が、ある怖さを持たなければダメです。

——怖さ？

相手に与える、怖さ。怖さがないといけません。もし、相手から無礼なことをされたら、大暴れしないといけません。毎回やるのは変人ですが、二十回に一回ぐらいなら大丈夫でしょう。

「舐《な》めてもらっては困りますよ」という意志を、態度で示すということも人間関係の構築においては、時には必要なんです。

講義

12

異業種交流会は夢への架け橋!?

○○異業種交流会、××勉強会、呼び名は多々あれど、そうしたパーティー形式の交流会を通じて、人脈を広げていきたい。立食パーティーなどで会話の輪にスムーズに入りたい。ビジネスマンなら、誰もが一度は、思うことではないだろうか？　今回は、そうした会で単に「名刺交換たくさんしました」という結果に陥らないための講義である。

——いま、自らの人脈・ネットワークを広げようと、カクテルパーティーなどの立食パーティーが流行《はや》っています。多種多様な人物が集まり、しかも初対面が多い状況です。そのため、せっせと名刺交換して結果何の収穫も得られず、散会となることもしばしばです。どう、臨めばいいのでしょうか？

まず、私にとっての「カクテルパーティーの位置づけ」についてお話ししましょう。外交やインテリジェンスの世界では、カクテルパーティーは戦場と同じです。同業者から見られているわけです。重要なカクテルパーティーには諜報機関や防諜機関の人間がその中にまぎれ込んでいます。今夜は誰と誰が接触しているか、見られているわけです。

日本で、ロシア大使館のパーティーが開催される。そうしたら当然のように公安警察、同時に外国の諜報機関が誰と誰が接触しているかを見ています。

安易にいろんな人々と名刺交換ができる場所は、同時にいろいろな人々から自分自身が見られている場所と認識しなければなりません。

——戦場ですか!

そうです。だから、カクテルパーティーでは重要な情報は絶対に得られません。

しかし、情報操作する場合には使えます。

その相手の関係者に警告を与える時など有効です。

そっと、「気をつけたほうがいいですよ」と耳打ちするのです。

これは、経験上かなり使いましたし、使えますよ。

だから、本格的な情報はやっぱり、相手とのサシで獲得する。これが基本ですね。

——外交官は、頻繁に立食式のカクテルパーティーがあると聞きましたが、実際のところ、どうなんですか？

頻繁と言えば、頻繁ですね。外交官には、その外交官人生の五分の一が、立食パーティーだったな、という感覚はあります。

ここでの立食パーティーでは、余計なことをしないことが大切です。

外交の世界で『カクテルサーキット』という言葉があります。

——カクテルサーキット？

一日にパーティーを三つぐらい梯子《はしご》して、どんなパーティーにも顔を出します。そして、サーッと入っていき、いろいろな人に名刺を配ります。そして、

「やあ、Aさん。ご無沙汰《ぶさた》だね。おや、ご一緒されているのはBさんですね。初めまして。Bさん、さっきからどこ見ているの？　ああ、Cさんを見ていたんですね。Bさん、私は、Cさんなら千年前から知っていますよ。ご紹介しましょう」

という具合に、顔つなぎ屋みたいなことをする。

そして、たったそれだけのことで「Bさん今度、飯でも食いましょう」と、その場は立ち去り、後日、本当に連絡をする。

こういう人間が、一番警戒されます。

――とにかく、名刺を高速でダーッと、サーキットを回るように配りまくって、浅い付き合いなのに、深く長く付き合いをしているように思い込んでいる人ですね。

そうそう。そんな人が嫌われていました。結果的に、いい情報は取れてはいませんでしたし……。

――すると、一般のビジネスマンもそんなマネはしないことですね。

いや、これがそうでもないのです。

がっついたビジネスマンは、とりあえずカクテルサーキットをマネすべきだと思います。サーキットを回るように名刺を配りまくって、相手と名刺交換するところは、マネすべき点でしょう。

――えっ、嫌われるんじゃないですか⁉

まあまあ、そう慌てないでください。理由をこれからお話しいたします。この説明を理解すれば、嫌われませんよ。

――はい、教えてください。

人脈を広げようと、いろいろな異業種交流パーティーに出席するビジネスマンも多いことでしょう。しかし、年間いくらそこにお金を投入するのか、きちんと決めるべきです。

――なるほど。投資総額をまず決めろ、と。いくらぐらいがいいのでしょうか？

年間十万円がいいと思います。その枠の中でどんなパーティーに行くか、吟味します。できれば一つに絞ります。

まず、安いものには行かないほうがいいでしょう。会費一万円のものより、三万円のものがいいでしょう。

高い分、参加意識や、意欲が変わりますからね。

次に、一つに絞り込んだら、その会に行く回数を決めることです。

――年十万円の投資とすると、三万円の会には、自ずと三回しか行けなくなります。

それでいいのです。

あちこちの会に顔を出す人や、一日、三件のパーティーを梯子するカクテルサーキット男との差別化ができてきます。

何しろ、こちらは、参加するその三回にすべてがかかっているからね（笑）。熱意というか、思いの違いが必ず出てきます。

――数少ないチャンスを生かそうと必死になっている姿は、好感が持たれそうですね。

そうです。

但《ただ》し、一つ気をつけるのは、交流パーティーに四六時中、出てきているような人は、それぞれの業種で中心の人間ではなく、暇だから出てくることができる、ということです。親しくなったからといって、自分が期待するほど、有益にはならないと思っておいたほうがいいでしょう。

仮に、三回参加するとして、一回目は最初に会ったということで、また、同じ目的を持っているということで、お互いに、いろいろなことを話してはくれるでしょう。

しかし、一回目は誰しも、警戒心が少しはあるでしょう。でもこれは、二回目から薄くなります。

腕のいい情報屋は、この二回目で相手から情報を、それこそ報告書類が天井まで積み上がるほど、取ってしまいます。

逆に三回目ぐらいからは、得られる情報量とつくれる人脈の量は、逓減《ていげん》していきます。

だから、三回がベストではないでしょうか。

――こりゃ、キャバクラの法則と同じですね。三回行って、実が取れないならば、いや、身だったかな(笑)、店を変えろという大原則があります。

それと、一緒。

人が他人をどうたらし込むかの流儀の応用の場ですからね。

忘れないでほしいのが、キャバクラはお金の流れが一方向ということです。

対して、異業種パーティーは、お金の流れに双方向性があります。異業種パーティーをうまく利用できれば、あとでお金になります。

だから、目的を明確にしておかないといけません。

——目的ですか？

そうです。自分のためにやる、ということです。

——とても、明確です。

それで、三回行ったら、この人とは付き合う、この人とは付き合わないと、人の仕分けをします。

私のこれまでの経験では、異業種交流会等々のパーティーは、人脈を広げる場で、学習の場ではない、と言えます。

基本的に暇な人が集まって、クダを巻いているだけですからね。

——だから、人脈開拓だけに、特化するわけですね？

そうです。本当にできる一線級の人間ならば、自分の必要の範囲内で、異業種交流をやっています。

もし、異業種交流をしなくて、仕事が事足りているというのならば、あなたに与えられている仕事のレベルは、いまはその程度だということです。しかし、将来、必ず、仕事に応じて、その仕事のレベルで付き合う人間も決まってきます。付き合い方も変わってきます。

だから、異業種交流のパーティーは、人脈構築に限定することです。

いままでに知り得なかった人とか、目上の人間と知り合える機会ととらえることです。下の人間にとって、カクテルパーティーは意味がある。

——下の人間、いわゆる、ぺーぺーが、そこに出かけるための重要な心構えは、何かありますか？

そこに行くあなたを含めこういうパーティーに来るのは、決して一流の人間ではないと、まず自覚することです。

次に、相手の所属している組織の一流の人間に接近するための、架け橋となる人物を見つけるというぐらいに割り切ることです。

そのパーティーで会った人間との関係ではなくて、その先の一流の人間とつながるということが重要です。

そのためには、名刺が重要なツールとなってきます。

まさに、先のカクテルサーキットの如く、自分の名刺を配りまくり、相手の名刺を貰いまくる！　三回しか行かないわけですから、嫌われることはまずないでしょう。

——なるほどー。

カクテルパーティーにはたくさんの架け橋になってくれそうな人がいる。しかし、どの架け橋を使えば、自分の望む一流の人物に手が届くか、わからない。だから、最初は、闇雲にでも名刺を交換し続ける。

そうです。

——あっ、立食パーティーなどで、歓談中のとき、話の輪の中に上手に入り込むテクニックとかあれば教えてください。話の輪の中に入っていくのって、気を遣うじゃないですか？

できるだけ、下品に、かつ傲慢《ごうまん》に、「どうも、どうも」という感じで輪の中に入ってしまうことです。

その目的で来ているのだからね。

そして、そこの輪の話題の中心にならないことが大切です。

——えっ⁉ それは意外‼ なんで、ですか？

話題の中心になる必要はないからです。

必要なことは、まず、名刺を交換することであって、話題の中心になることではありません。

集めた名刺は、百円ショップなどに行って、名刺入れを買って、そのときに交換した名刺を、『何月何日参加のパーティー』とペンで書いて、人脈・業種別に分けて整理しておくのです。

名刺の整理はスキャンしてデータ化しないこと。二万枚ぐらいの名刺だったら、頭に入るでしょ？

——二万人ですか‼ 二万人はいくらなんでも……。

名刺整理術のコツは、名刺の表と裏にあります。

クリアファイルに名刺の両面を見えるようにして、入れておくことです。私はそうしています。

——名刺の裏表が見えなければダメなのでしょうか？

住所が裏面だったり、自己宣伝の文句があったり、いろいろと、その人物が他にやっていることが書いてあるものが多いでしょう？

——あっ、その人物の基礎データが名刺にはすべてあるわけなんですものね。

後日新聞などで、E社にて、立派な研究開発がFさんによって、成されたという記事を読んだとします。

早速、いままで会って名刺交換した中にFさん、もしくはE社につながる人物はいないかなと、名刺ホルダーをパパッと見ましょう。可能性のありそうなGさんの名刺を見つけたとします。

見つかれば、ここからは、多少の演技力も要りますが、Gさんとは「百年前からの親友ですよね」みたいな感じで、電話をかけるのです。

「新聞を読んだのですが、Gさん、Fさんと面識ございますか?」

「オー、あるよ。Fさんとは親しいよ」

なんて、返答が来ようものなら、

「今度、そのFさんについて、教えてください。お引き合わせください。お茶でも飲みましょう」

と運ぶのです。

――うーっ。まさに、人たらしの流儀ですね。

講義 13

オウム返し話法とお金の哲学

ビジネスやプライベートで、様々な人に、自分の将来につながる人物に出会えた。しかし、どう話をつないでいけばいい？　仮に話をつないだとしても、その人との人脈の糸は太くなるのだろうか？　つなぎとめるモノが欲しいのだが……。

『カラマーゾフの兄弟』のオウム返しに学ぶ

——『誰とでも15分以上会話がとぎれない！話し方66のルール』という本が以前どーんと売れましたが、佐藤さんにも初対面の相手と十五分以上話をつづける方法なんてものありますか？

ありますよ。一番、簡単な方法は、相手の言うことを繰り返す、『オウム返し話法』です。この方法が一番よく表されているのが『カラマーゾフの兄弟』に出てくるアリョーシャです。三人兄弟の三男で一番性格のいい人物です。彼の家族は、親父は強欲で、長男が色情狂、次男は冷酷なインテリと、強烈な人間に囲まれて育ちます。さらに、次男は神はいないから、人を殺しても構わないと考えているような人間です。

そんな中、三男は、修道院に入ります。この小説の描写の中で、なぜか、三男アリョーシャは、ボロを出さない。

——作者が、いい人だと書き続けているからですか?

いいえ、そんな単純なことではありません。アリョーシャは人の言うことを繰り返す、オウム返しをしているんです。

「○○ということなんですね?」

「××ということなんですか?」

と、まあオウム返ししかしないくらいです。十五分以上、初対面の人と会話をつづけたければ、オウム返し話法に限ります。

——でも、それじゃ、相手が「てめえ、俺の言っていることと同じこと、繰り返しているだけじゃねえか!?」って怒りません?

オウム返し話法の基本は、相手の主張に同意する方向でオウム返しすることですから、大丈夫です。

——確かに、人は、自分の意見に賛成してくれる人には、話をつづけやすいですもんね。

そうです。相手との話を長くつづけるコツは、相手の話に一度乗っかってみることなんです。

——相手の話に乗りつつも、こちらの主張といいますか、言い分を通す必要があるときは、どうしましょう？　私の場合は、「○○さんのおっしゃる通りですね。でね、私の話なんですが、これが、もぉー、すげぇーんですよ！」と、ちょっと大げさなぐらい、相手に感嘆符が見えるくらいの勢いで話しだすんですが……。

それは、言葉の異化効果と言います。確かに、その異化効果で人を惹きつける方法はあります。

——なるほど、イカではなく、異化ですか？

……。若干、レベルの低いオウム返し話法ですね。それは……。

——すっ、すみません（苦笑）。

これは、アナロジーとメタファーの違いです。日本語だと、類比と隠喩の違いです。

——？？？　いきなり難しくなってきました。

説明しましょう。アナロジー（類比）では、世間の人はびっくりしません。たとえば、『鈴木宗男は、鬼のような奴だ』と言うと、これは、アナロジー。びっくりしない。しかし、『鈴木宗男は気が弱い』と言うと？

——いや、そんなことないですよ。あの鈴木先生が気が弱いというのは、にわかに信じられないですね。

ね、それがメタファー（隠喩）。

すなわち、「気が弱い」ということに意外感があるでしょ？

——あります！「えっ!?」と驚いて、話に惹きつけられた感じになりました。

えっ、と驚いて、惹きつけられたあとに、もっとその話の先を聞きたくなるのです。もう、相手はあなたの会話の穴に勝手に落ちていきます。ちなみに、このメタファーの例にはオチがあります。誰と比べれば、気が弱いか？　というオチがあります。

——なるほどー。

「えっ⁉」と思わせることが、メタファーになる。それが、相手を惹きつける。けれど、隠喩は行き過ぎると相手に理解されない、伝わりません。

スベル危険性があります。スベルと相手は、あなたとの会話に興味を失くします。だから、オウム返しの話法が安全で使いやすいのです。

さらに付け加えるなら、上手なやり方は、意味のないことを繰り返すオウム返しがいいですね。

——意味のないこと？

「ほう、お名前が一郎さんですか、もしかすると、ご長男ですか？」みたいな。

——それは、本当に意味のない会話です。

「お名前は次郎さんですか、お兄様、お姉様はどんな仕事をしてらっしゃいますか？」

すると相手が、

「どうして、私に兄や姉がいると思ったのですか？」

「いや、お名前が次郎さんだったもんで……」

——本当に意味のないことですが、相手がひき込まれるかどうかは別にして、会話はダラダラとつづきそうですね。

会話の入り口のところでしたら、これで十分です。

そして、その次は、動物のお話をすることですね。

——以前にもあった、あの、相手の人間性も判断できる会話ですね。

そうです。それで、相手の人間性を会話の中で見極めていくのです。

人脈の固定化とお金の哲学

次に、人脈の固定化に関する方法をお話ししましょう。

——人脈の固定化？

相手と、こちら（私）双方に益があるような人間関係を組み立てることです。

たとえば、相手が情報を持っている。こちらには、お金がある。そして、相手がお金を欲している。このような場合は双方に益のある関係ができますね。

次に、お互いに情報を持っている。その情報を相手も交換したがっている。

これも関係はできますね。

また、こちらは、情報を持っていて、相手には人脈という財産がある。

相手がこちらの情報を欲するかわりに、こちらには、相手の持っている人脈を紹介してくれる。

これらは、交換にあたりますね。

このことに関しては、『資本論』の最初を読むとよくわかります。そこには、こんな主旨が書いてあります。

『商品』という箇所です。

二十エレのリンネル（亜麻布。ざらざらした布）。これは、一着の上着に値する。これは価値形態論という。

この布を、膨大な量持っている人がいる。その人は、量を持っているからこそ、その布を相手にわたすことができる。

しかし、ここで問題が発生します。わたそうとしている相手がその布を欲しがっているかが、その布を持っている人にはわからない。

——つまり、相手が何を欲しているのかを、この講義で習ったように、二回目の会食・会談までに確かめておけ、と。

そうです。何と交換できるか、確かめておく必要があります。

欲しているのは、情報なのか、人脈なのか、お金なのか。

ここで一番、わかりやすいものはお金です。これは、また、先の『資本論』に戻ります。

上着を持っている人は、必ずしも、さらにリンネルを欲しいかどうかはわからない。

その二十エレのリンネルが一本のウイスキーに値するとします。

しかしリンネルをわたそうとしている相手がウイスキーを欲しいかどうか、やはりわからない。

ところが、このリンネルが、一万円の価値があるとします。そして上着も、ウイスキーも一万円の価値があるとします。

こういう交換のものさしができあがると、人はまず、一万円を得ようとします。一万円だったら、リンネル、上着、ウイスキーと、そのどれとでも交換可能です。

——確かに。

だから、貨幣を媒介にした交換というのが、資本主義では必ず出てくるのです。

実は情報も一緒です。

世の中にはお金で買えない貴重なものがある、とは言っても、究極的には何でもお金に換算できてしまいます。

——すると、相手との人間関係も最終的にはお金ですか？

確かに、その相当部分のところは、貨幣に換算できます。

ところが、気をつけなければならないことがあります。何でもかんでもお金で問題を解決しようとすると、大変なことになります。

――どうなるんですか?

人によりますが、ウイスキーを二本ぐらい飲んだ時、もっと欲しくなるほうですか?

――いや、そんなに飲めないです。もう、いいです。

そうでしょ。では、女性をひと晩に三人以上抱ける?

――いやー、もう、一人で十分です。

そう、普通の男性は、女性をひと晩で三人以上、相手にするのは難しい。ところが、金は、十万円もらうと、次は百万円、百万円もらうと、次は一千万円欲しくなる。

――なるほど、欲望の数値に限界がない、と。

酒と女は、肉体的な限界があるので、欲望にも限界があります。ところがお金には限界効用が逓減《ていげん》しないという怖い特性があります。だから、その金額が恐ろしいほど、跳ね上がる。

しかし、お金は便利な道具であることも事実です。

だから、ビジネスで人脈を固定化しようとするのなら、どこかでお金の要素を取り入れる必要も出てくるでしょう。

さらに、お金以外のプラスαで交換が成立するような仕組みを、つくりあげる必要が
あるでしょう。それが女性なのか、お酒なのかは、さておきですが……。

基本的には、人たらしは汚いゲームの面を多少なりとも含んでいるのです。

——綺麗事だけでは、生き馬の目を抜くような厳しいビジネスの世界では生き残れませ
んし、その他大勢から抜きん出ることは難しいわけですね。

自分が持っているモノを相手が欲しがっているかどうか？　相手が欲しがらなければ、
何によってカバーできるかを考えるのです。
自分の持っている人脈か、権力か、あるいはお金か、考えるのです。
——しかし、お金は気をつけなさいよ、と。

そうです。

「金の切れ目が縁の切れ目」とはよく言ったもので、人間関係がお金を介して成り立っていると、その関係はやがて難しくなります。お金への欲望は極大化していくものです。そこが難しい。

ある意味、人生の哲学は、お金とどう付き合うかについての哲学でもあるのです。

講義
14

人脈のメンテナンスと耐エントロピー構造

せっかく広がった人脈のケアはどうすればいいのだろうか？

交換という心理

――相手との関係を維持し、発展させるためには、ランチだけではなく、ディナー、ゴルフといったプライベートタイムに誘うのがよいのでしょうか？

プライベートといっても、それは仕事のプライベートタイムですね。

――仕事のプライベートタイム？？？

その目標は、あくまでも、仕事の成果をあげること、仕事の成果に結びつけること。純粋なプライベートならば、成果は問われませんし、逆に成果が問われない関係こそが真のプライベートの時間です。

成果を得るために、何かを相手に提供する。これは、等価交換をしようとしています。ビジネスにおける人間関係のすべては、交換と考えることです。『いま、この人に○○しておけば、将来、××をやってもらえるかも』という期待値を含む交換としての飲食。この交換は、等価交換でないと成立しません。

——たとえば、相手が、『名門△△クラブのコースでプレイしたい』と希望していたとします。こちらは、そこのゴルフ会員権を持っている。そこで「それでは、今度の何曜日にプレイできるようにしましょう」と計らいます。相手にゴルフプレイを与えて、自分の手札（ゴルフ会員権）を使う。これは、交換になりますか？

交換になりますね。人間は、「相手から何かしてもらうと、私も何か交換（お返し）しないといけない」という概念を根本に持っています。一方的に何かしてもらっている状態がつづくと、返さなくてはいけないという思いになるわけです。

悪徳商法は、その人間の刷り込み（概念）につけ込んでくるのです。

——どうつけ込んでくるのですか？

悪徳商法は、まず、スポンジでも鍋《なべ》でも、何らかのものをあなたにプレゼントしてくれます。

すると、もらった側の人間心理は、これは良い品をもらった、何かお返ししないと、もらっちゃってばかりで悪いなあ、という心理になります。

最初の入り口は、そんな感じですが、やがて、あれよあれよと、とんでもない契約を締結させられてしまうのです。

——なるほど。悪徳じゃないけど、保険の勧誘なども、子どもが小学生、中学生になると、「ご進学祝いです。このリストの中からプレゼントをお選びください」とかありますもんね。

逆に、何も返させないという人間関係のつくり方もあります。

——どうやるんですか？

一方的な贈与です。どんどんと、こちらから贈ってしまう。これは、上下関係を固定させることになります。

——主従関係にさせてしまうのですか？

そうです。主従関係というのは、「主」側は必ず何かを「従」側に与えつづける。

こうした関係の場合、返そうと思ってもそうそう返せるもんでもないのです。返せない「従」は返せないことが重荷になって（返済不可能な負債となって）主従という関係が固定化されていきます。

上下関係を確定させる一番良い方法は、ばら撒くことです。政治家の親分は、見返りを求めないでばら撒くことが多い。ばら撒かれた子分は、親分に対して忠誠という形で応《こた》えているのです。

忠誠を尽くせばやがてそれは、権力という形の見返りとなってくるのです。結果、最終的には等価交換が成立することになります。

謂《いわ》れのないもの、分不相応のものをもらった時は、よくよく考えないと、人間の中に組み込まれた「交換」という概念に囚《とら》われてしまい、気がつくと覆しがたい人間関係があなたの周りにできあがっている、なんてことになりかねませんよ。

人脈メンテナンス

――では、具体的に人脈のメンテナンス方法には、どんなものがあるのですか？　年賀状のやり取りを欠かさない、いつも、贈り物をするとか、そんなことぐらいしか思いつきませんが……。

人脈のメンテナンス方法は、基本的には、相手との交換をいかに維持できるかということに尽きると思います。

この回路は、熱力学の理論で動いています。

――熱力学ですか？

熱い水（お湯）と冷たい水。ともにコップに入れてテーブルの上に放っておくと、やがてそれら二つの温度は、均等になってしまいます。そして、これら二つを再び熱くしたり、冷たくしたりするには、何らかの力を外から与えなくてはいけませんね。水自体に、均等になった温度をもとに戻す力はありません。

この水を『価値』と置き換えてみます。価値は放っておくとやがて互いに均等になっていく。価値が均等になってしまったら、もう交換はできません。交換の必要がないからです。

だから、人間関係をメンテナンスして、自分のところでは特別な交換の回路ができるようにしないといけない。

どの程度の交換をできるようにするかによって、そのメンテナンスの度合いと程度、それから頻度が変わってきます。年賀状は、一番ゆるいメンテナンスですね。

――どうすればいいんですか?

耐エントロピー構造をつくる。

――耐エントロピー構造……。

あっ、それ前回のオウム返しの法則ですか(笑)。

――いや、その通りなんですが、この場合は、耐エントロピー構造がなんなのか、まったくわからないので……。

耐エントロピー構造とは、拡散していこうとするものに対して、拡散しないようにする働きのことです。

年賀状の例でいうと、あなたが年賀状を送らないと、受け手側は、たくさんの中のワンオブゼムとなってしまい、名前を忘れられてしまう。水の温度が均等になっていってしまうのと同じです。

だから、年賀状を送り、相手に「あっ、この人、覚えている。こういう人だな」と認識させる、思い出してもらう。

――年賀状に、その相手に向けて一行、短いメッセージを直筆で入れるとかは、有効ですか?

もちろん有効です。ただ年賀状を送るということより、より強い耐エントロピー構造ができます。

一筆『夜は月夜ばかりとは限らないのだぞ』とかね。

——いやー、それは悪い冗談ですね。あはは（力なく笑う）。

人脈力学

——AさんとBさんをお引き合わせして、AさんとBさんの間でお仕事が始まりました。しかしながら、引き合わせた、仲介の労をとった自分自身になんの益もなかった、ということが最近ありました。

ああ、それは拡散してしまったということですね。

——どう、引き戻したらいいですか？

それはなかなか難しいでしょうね。そのAさん、Bさんに影響を与えるだけの要素が、こちら側にないと難しいですね。

この場合は、こちら側への益は諦《あきら》めるしかないでしょう。

——無理してなんとか益を得ようとすると、どうなりますか？

コストパフォーマンスが悪くなりますね。これも基本的には力学ですからね。

読売新聞社から出ている『動物と人間』という本があります。昔の上野動物園の園長・林寿郎《じゅろう》氏が書いた動物モノの古典というべき本です。

そこに、象使いのお話があります。

――象使いがこの人脈力学に、どんな関連があるのですか?

象使いはよく、象に踏み潰《つぶ》される。

――そ、そうなのですか⁉

象はリスと違います。象は基本的に、象使いの人間と真剣勝負で付き合っています。象使いが気合を入れて、威厳のある限りにおいては、象は自分より、象使いが強いと思っています。

だから、象は人間(象使い)の言うことを聞いてくれるのです。

ところが、少しでも象使いがフニャフニャしていると、「何だ、この野郎!」と象は人間を踏み潰してしまう。

——こ、こわぁぁ〜。

力学とは、そういうモノなのです。

象と付き合っている象使いは、いろんな技を使って、その関係をメンテナンスしている。

少しでも止《や》めてしまえば、踏み潰される。

大物政治家、ヤクザの親分に限らず、会社内における関係も、付き合いに気をつけないといけませんね。彼らはいつ、踏み潰そうとしてくるかわからない。

——緊張感ありますねー、その関係。

この世の中は、綺麗《きれい》事言ったって、すべて金と暴力によって、成り立っています。人脈構築術の基本も、やっぱりこれです。

しかし、それがあまりにも前面に出すぎるとギラギラしていて、いやらしい。そのことをどうやって、オブラートで隠すかというのが、良好な人間関係構築の術《すべ》なのです。

——相手は象だと思わなければダメなんですね。

それではダメです！

——えっ!?

自分のほうが象になる場合もあることを忘れてはいけません。それを本物の象だと勘違いしてはいけません。

また相手が象に見えても虚像の場合もあります。そのためにも第一回と第二回の接触が重要になってきます。相手を等身大でつかむのです。相手が象なのかリスなのか、それとも象使いなのか、たった、二回の接触で見極めなければいけないのです。

講義

15

テクネーとエピステーメー

いよいよ最終講義。

人たらしが、人たらしたる所以《ゆえん》、その真髄に迫る。

去り際、別れの美学!?

人をたらし込んで、人脈を築いて、使いこなし始めました。

しかし、その人脈を切らなければならない事態に直面する時が来ます。その時、安全にその人脈を切ることができなければ、人たらしの流儀に反します。

――いままでやってきたことと、まったくの逆の流れですね。どうやって、相手をうまく切ればいいのですか？

一番大切なのは、相手から離れていく状況をつくり出すことです。これはね、外務省でそんなにハンサムじゃないのに、あちらこちらで女性と関係を持って遊び歩いているヤツに聞いた方法なんです。

女遊びをして、相手の女性に恨まれずに別れる方法は、まず、向こうに嫌われること、幻滅させることだと。

外国人ならば、食事をした時に、ズルズルと音を立てて、スープを啜《すす》る。または、テーブルクロスに鼻くそを擦《なす》りつけるのを見せる。そうすると、白人女性はだいたい、去っていくそうです。

さらに究極の方法は、相手の親の悪口を言う。これは、外国人、日本人を問わずに嫌われますね。

こうやって、相手が引いて、去っていく環境をつくり出すのです。そうすると、去った側に負い目が残るものなんです。

――相手側から別れていった、それが、こちら側の保険になるわけですね。

そうです。

さらに具体的な方法を学びたいならば、くらたま（倉田真由美）さんの『だめんずうぉ～か～』をテキストとして読むといいでしょう。

ここには、いかに酷《ひど》い男から逃げ出したかという話が集積されています。だから、その酷い男のやり方を真似《まね》すれば、確実に女は逃げ去っていくでしょう。実例研究として、これよりも良い資料はありません。

こんな卑劣な男が世の中にいるのかと、感動しながら、その男を真似すればいいのです。

その結果、相手は逃げて、二度と会いたくない、接触を持ちたくないと思う。さらに、報復する気持ちすら起きない。そんな最低な男になって、関係を断ちます。これは、女性関係だけに限らず、人間関係においても使えるわけです。

――そこまでして、安全に人脈を切れないと、人たらしの流儀に反するわけですね。

二万人の人名リストから、一瞬で正確なコンタクト相手を探す？

――ところで佐藤さんは、以前、「頭の中に二万人までの名前が入る」そして「必要な時には、彼らの名前がパッと出てくる」とおっしゃっていました。

そんな頭の回路、我々にも構築可能なんでしょうか?

どんな人脈でも、何が必要なのか？という目的関数を決めて、さらに制約条件を入れる。そうすると、ソートされて出てくる。

たとえば、「外交」「アフリカ」「アメリカ人」なんてキーワードを頭の中でリストアップする。すると「○○さん」「××さん」という人物が挙がる。

出てきた名前と、いまの自分に必要な情報の重要度、タイミングによって、その相手とのコンタクト方法は異なります。

いますぐ、あるいは、五分後に決断しなくてはならない場合と、精査された情報が一カ月後にあればいいという場合では、その「○○さん」「××さん」とのコンタクト方法は当然変わってきます。

電話で事が済む場合と、重要だから電話でなく直接赴いて会う場合、つまりコンタクト方法の違いによって、ソートされて出てくる名前は最終的に「○○さん」ではなく「××

さん」に連絡しようと、変わってくるんです。

——そういうことが、我々のような凡人にもできますか？

人間誰しも、できますよ。

それは、生き残りの能力があるから。生き残るために必要な情報をソートする能力はすべての人間にあります。

——人脈を本当の山々のように望見して、その頂上を目標とすれば、どの人脈を辿《たど》り、頂上（達成したい目標）に至れるか、見えちゃうわけですね？

見えてくる。それが、見えてこないのは、本当に、その必要に迫られてないってことなんですね。

普通の人は、ふわーっとした状況下では、真に必要に迫られることがないから、見えないのです。

たとえば、私は二〇〇九年十一月二十四日のライブドアニュースに、小沢一郎さんの秘書をつとめた民主党石川衆議院議員（当時）の特捜検察での逮捕はありえると書きました。当時そうなると思っている人は石川さん本人を含めほとんどいませんでした。しかし実際石川さんは二〇一〇年一月十五日に東京地検特捜部によって逮捕されました。他の人には見えないけど、その時の私には見えました。それは、「こう来るな」という状況が、これまでの経験を圧縮することによって、見えてきたのです。

――その圧縮テクニックは、どう養えばいいですか？

よい小説とノンフィクションを読んで、疑似体験を大量にストックしておくことです。――本から得た疑似体験を自分の中でモデルケースとして大量に持つ。同時に自分の体験も積んでおく。両方のストックから、正確な予測ができるようになる、と。

そうです。だから、いままでこの講義でやってきたのは、英語にたとえるなら文法の講義なのです。文法の構造がどうなっていますかって方法で、人脈のつくり方を述べてきました。

ところが、文法を知って、語彙《ごい》をいくら集めても、実際の英文は正しく理解できないし、喋《しゃべ》れない。本質を摑《つか》むには、実地（実際の体験）を積んでいかないと使いこなすまでには至らないでしょう。

戦場で生き残るのは読書家!?

ここから、この『人たらしの流儀』の最後の締めに入りますよ。人たらしの流儀、それは『テクネー』と『エピステーメー』の違いを理解することにあります。

――それは、何語ですか???

ギリシャ語です。

両方とも日本語に訳すとするなら、知識という意味になります。

ただし、『エピステーメー』は本を読んだりして、理論で理解すること。

――易しく言うと、物事を頭で理解する、ですか?

そうです。

対して、テクネーは、体で覚えること。

もっともわかりやすいのは、自動車教習所です。

あそこは、テクネーとエピステーメーを併せ持っていますね。

――そんなにすごい場所だったのですね!?

自動車教習所では、学科がエピステーメー。

学科で、いくら、エンジンとか、ブレーキの構造を覚えていても、車の運転は体で覚えないとダメですよね。

体で覚える部分が、テクネー。

――すると、人たらしの流儀という対人関係論も、本で学ぶ部分と、実地で学ぶ部分があるわけですね?

そうです。しかし、対人関係を実地で学ぶには障害が多過ぎます。

自動車教習所の例で言えば、いきなり、路上に出ることはないでしょう? 教習所の中にあるシミュレーションの画像で運転してみたり、敷地内で運転の練習をしたりするでしよう？『人たらしの流儀』では、それに相当するのが、小説、そして、ノンフィクションを数多く読むことなのです。

自分の具体的な経験には限界がある。それ以外に小説とノンフィクションから得られる疑似体験の知識があれば、それを補うことが十分できます。

戦場に投げ込まれたインテリゲンチャ（ロシア語で知識人階級のこと）は、小説好きのほうが生き残る可能性が高いのです。

インテリジェンス・オフィサーは、通常、外交官や官僚に比べて小説をよく読んでいます。

そもそも、小説の読み方が違う。

必ずこの中に『生き残るヒントがある！』と、こんな読み方をするんです。こうして、文芸作品などを読み解いて、自分に肉づけ（体力づくり）をして、それから、実戦へと出るのです。

いよいよ、人たらしの流儀を実際に外で活用してみる。

しかしながら、この講義で学んだことだけを、実践しようとする人は、必ずや、いろいろな局面で行き詰まってしまうでしょう。

――行き詰まってしまう人は、エピステーメーの部分がまだ不足しているんですね。自分自身の経験＋疑似体験の疑似体験部分が不足していると。だから小説、ノンフィクションを読みなさいということですね。

こうしたまだ勉強中の、これから社会を担う若いビジネスマンは、将来にどんな希望を持てばいいのでしょうか？

希望？……希望はないです。

――ない⁉⁉⁉

いまの日本は、官僚と政治の両方がダメだからです。希望を生み出せない社会になっている。

政治家や官僚に頼らないで、仲間を大切にして、自分の社会のネットワークを強化していくしかないでしょう。

――人たらしの流儀を用いて、構築できる人脈を広げて、コミュニティ（集団）をつくりなさいということですか？

そうです。希望は与えられるものではなく、自分たち自身で常に見出していくものなんです。だから、いまここに希望なんて存在しません。自分自身で希望を見つけていくのです。

あとがき

本書を読んでいかなる感想を持たれたであろうか？

人生で起きる問題は、すべて応用問題である。従って、本書に記された人脈構築術、トラブル処理術をそのまま適用することはできない。全体を通じ、私が強調したのは、たった一つのことだ。それは、

「相手の内在的論理をとらえろ」

ということである。相手は個人だけでなく、企業や官庁という組織のこともある。あるいは国家や民族のような大きな単位のこともある。これらの対象はすべて人間のように個性を持つ。好きか嫌いかという好み、善か悪かという判断を後回しにして、まず相手がどういう理屈で動いているかを考えることが重要である。わかりやすく言うと、

「相手の立場になって考える」

ということだ。本書を通じて、その感覚をつかんでいただくことができたと思う。その上で、正しい行動をすることだ。人間の行動には四つのパターンがある。

一．やるべきことをきちんとやる。

二．やるべきことを中途半端にしかやらないか、まったくしない。

三．やってはいけないことをやる。

四．やってはいけないことをやらない。

人たらしの条件は、1と4、すなわち「やるべきことをきちんとやり、やってはいけないことを絶対やらない」人になることである。もっとも何をもって「やるべきこと」とするか、「やってはいけないこと」とするかについては、様々な見解がある。ただし、いくつかの重要問題については、鉄則がある。たとえば、危機に直面したときに「総司令官は動いてはならない」という原則だ。東日本大震災の翌日（二〇一一年三月十二日）、菅直人首相が福島第一原発の現場を視察した。これは危機管理の大原則に違反する重大な失敗だ。しかし、菅氏は自分が失敗したとは思っていない。それだから、その後も原発事故の現場を視察する意向を表明している（側近とマスメディアがいさめているので、このあとがきを書いている時点では、この国益と公益を害する訪問は実現していない）。こういうふうに「やってはいけないこと」を続ける人間は、絶対に人たらしにはなれない。

菅直人氏は主観的には日本のために命をかけて、一生懸命仕事をしているつもりなのだろう。しかし、客観的には本人にしか意味のないことにだけこだわって空回りしている。他人の意見を聞き、咀嚼《そしやく》することができない「子ども」なのである。こういう人間にならないようにするためにも人たらしの技法を身につけ、他人の気持ちがわかる「大人」になる必要がある。

本書は異能の編集者であり小説家の小峯隆生氏の協力なくしてできませんでした。この場を借りて小峯隆生氏に深く感謝申し上げます。

二〇一一年四月

佐藤　優

文庫版　あとがき

国際関係は、力と力の均衡によって成り立っている。尖閣《せんかく》問題をめぐって中国が、竹島問題をめぐって韓国が日本に対して居丈高の姿勢をとっている。特に質《たち》が悪いのが中国だ。

二〇一三年一月三十日、公海上で海上自衛隊護衛艦が中国海軍艦船により火器管制レーダーの照射を受けた。その前の一月十九日には、中国海軍艦船が海上自衛隊護衛艦搭載のヘリコプターに対して火器管制レーダーを照射した。

〈安倍晋三《あべしんぞう》首相は（二月）六日午前の参院本会議で、中国海軍艦艇による射撃管制用レーダーの照射について「不測の事態を招きかねない危険な行為であり、極めて遺憾だ。戦略的互恵関係の原点に立ち戻って再発を防止し、事態をエスカレートしないよう強く自制を求める」と述べた。

首相は、外交ルートを通じて中国側に抗議し、再発防止を要請したことを強調。「日中両国で対話に向けた兆しが見られるなかで、一方的な挑発行為が行われたことは非常に遺憾だ」と批判した。〉（二〇一三年二月六日MSN産経ニュース）

安倍首相は、言葉を選んでいるが、「不測の事態を招きかねない危険な行為であり、極めて遺憾だ」という表現は、外交的にかなり強い懸念の表明だ。火器管制レーダーを照射するということは、平たく言って、「いつでも攻撃する用意がある」ということである。中国は、挑発のレベルをどこまであげれば日本が実力行使に出るかを慎重に見極めている。今回の中国側の挑発行為に対して、政府と国民が一丸《いちがん》となって反撃しないと、中国はさらに挑発のレベルをあげ、そう遠くない将来に偶発的な日中武力衝突に発展しかねない。事態はかなり緊迫している。

防衛省は強い危機意識を持っている。特に二月七日の衆議院予算委員会における小野寺《おのでら》五典《いつのり》防衛相の答弁が重要だ。

〈小野寺五典防衛相は七日午前の衆院予算委員会で、中国海軍の艦艇による海上自衛隊護衛艦への射撃管制用レーダー照射に関し「国連憲章上、武力の威嚇に当たるのではないか」との認識を示した。同時に「このような事案が起きないよう海上の安全メカニズムを日中間で協議する窓口も必要だ」と述べ、海上での偶発的な衝突を防ぐため、日中防衛当局間などの「ホットライン」構築が重要との考えを示した。自民党の石破茂《いしばしげる》幹事長への答弁。〉（二〇一三年二月七日MSN産経ニュース）

国連憲章第2条4項は、「すべての加盟国は、その国際関係において、武力による威嚇又は武力の行使を、いかなる国の領土保全又は政治的独立に対するものも、また、国際連合の目的と両立しない他のいかなる方法によるものも慎まなければならない。」と定めている。公海上での中国海軍艦船による海上自衛隊護衛艦並びにヘリコプターへの火器管制レーダーの照射を「武力による威嚇」であると指摘した小野寺防衛相は立派だ。中国が国連憲章、すなわち国際法に違反する行動をしているということを日本は強く国際社会に訴えることが重要である。中国が、国連憲章を含む国際社会で確立されたルールを無視する無法者であるという認識を広める広報活動を政府は断固進めるべきだ。

もっとも〈中国国防省報道局は八日、射撃用レーダーの使用を否定する談話を発表した。「一方的に虚偽の状況を発表し、日本政府高官が無責任な発言を行った。『中国脅威論』をあおって、国際世論を誤った方向に導いた」と非難した。〉（二〇一三年二月八日『朝日新聞』デジタル）。「盗っ人猛々《たけだけ》しい」とは、まさに中国のこのような態度を指す。もっとも日本が孤立しているわけではない。この火器管制レーダー照射問題について、ロシアは日本の立場に理解をしめしている。ロシア国営ラジオ「ロシアの声」は、二月八日の日本向け論評でこう述べた。

〈中国側は、自国の艦船が日本の護衛艦をレーダー照射した事を否定し、これは中傷であるとし、中国船のすぐ近くで日本が危険な策略をめぐらしていると非難している。しかし、以前も中国人民解放軍が威嚇のため、そうした行為をしてきたことはよく知られている。例えば二〇〇一年、中国空軍のスホイ27型機は、台湾海峡上空で台湾のミラージュ戦闘機に対しレーダー照射を行った。また今回の事件の直前、中国の軍事専門家の一部には、レーダー照射をすべきだとの声があったのも事実である。

はっきりしているのは、中国が、領土問題における行動方針を変え、相手の強さを試す事にしたということだ。近く我々は、中国指導部の目論見が正しかったかどうか、この目で見る事になるだろう。〉

森喜朗《もりよしろう》元首相や鈴木宗男《すずきむねお》新党大地代表のような「人たらし」が日中関係の緊張を背景にロシアを味方にする努力を続けている。この『人たらしの流儀』が日本の国益を増進しているのだ。

情けないのが、日本外務省の態度だ。国際法の有権的解釈を日本政府において行うのは外務省国際法局だ。なぜ、外務省がもっと前面に出て、「今回の中国によるわが海上自衛隊護衛艦とヘリコプターに対する火器管制レーダーの照射は、国連憲章第2条4項で禁止されている武力による威嚇だ」と強く訴えないのであろうか。中国は帝国主義国だ。中国の挑発行為に対して、外交的に日本が怯《ひる》んでいると、中国は挑発を更にエスカレートさせてくる。中国の無法行為に外務省は必死になって抵抗するとともに、国際世論を日本の味方に引き入れるべく努力すべきだ。外務官僚トップである河相周夫《かわいちかお》外務事務次官の見識と指導力が問われている。

二〇一三年二月九日

佐藤　優

著者紹介
佐藤　優（さとう　まさる）
作家。元外務省主任分析官。
1960年、東京都生まれ。1985年に同志社大学大学院神学研究科終了後、外務省入省。在英日本国大使館、在ロシア連邦日本国大使館に勤務した後、本省国際情報局分析第一課において、主任分析官として対ロシア外交の最前線で活躍。2002年、背任と偽計業務妨害容疑で東京地検特捜部に逮捕され、2005年に執行猶予付き有罪判決を受ける。2009年に最高裁で有罪が確定し、外務省を失職。
2005年に発表した『国家の罠―外務省のラスプーチンと呼ばれて』で第59回毎日出版文化賞特別賞受賞。2006年に『自壊する帝国』で第5回新潮ドキュメント賞、第38回大宅壮一ノンフィクション賞受賞。
『獄中記』『交渉術』『外務省に告ぐ』『国家の「罪と罰」』『読書の技法』など著書多数。

この作品は、2011年6月にPHP研究所より刊行された作品を、加筆・修正したものである。

ＰＨＰ文庫　人たらしの流儀

2013年３月18日　第１版第１刷

著　　者　佐　藤　　優
発行者　小　林　成　彦
発行所　株式会社ＰＨＰ研究所
東京本部　〒102-8331　千代田区一番町21
文庫出版部　☎03-3239-6259（編集）
普及一部　☎03-3239-6233（販売）
京都本部　〒601-8411　京都市南区西九条北ノ内町11
PHP INTERFACE　http://www.php.co.jp/
組　　版　朝日メディアインターナショナル株式会社
印刷所
製本所　共同印刷株式会社

落丁・乱丁本の場合は弊社制作管理部（☎03-3239-6226）へご連絡下さい。

送料弊社負担にてお取り替えいたします。

ISBN978-4-569-67958-7

PHP文庫好評既刊

松下幸之助 強運を引き寄せる言葉

大江 弘 編著

「自分の運命に従うという素直さが大切」など、パナソニックグループの創業者が遺した、〝困難を力に変える〟160の言葉を紹介。

定価五〇〇円
(本体四七六円)
税五%